W0363209

AUTISME
LA GRANDE ENQUÊTE

Ouvrage publié sous la direction de Laurence Lacour.

© Éditions des Arènes, Paris, 2016
Tous droits réservés pour tous pays.

Éditions des Arènes
27, rue Jacob, 75006 Paris
Tél. : 01 42 17 47 80
arenes@arenes.fr

Autisme la grande enquête se prolonge sur le site www.arenes.fr

Photo de couverture © Brand New Images/Getty Images. Le contenu sous licence est exclusivement utilisé à des fins d'illustration.

Toute personne éventuellement représentée dans le contenu sous licence est un modèle.

SOPHIE LE CALLENNEC & FLORENT CHAPEL

AUTISME
LA GRANDE ENQUÊTE

PRÉFACE DE JOSEF SCHOVANEC

A Sandrine
qui a su partager l'histoire
de sa soeur et poser ainsi
les premiers jalons de cette
enquête

Sophie

LES ARÈNES

« Il est plus facile de briser un atome
que de briser un préjugé. »

Albert EINSTEIN

PRÉFACE

> *« Pour les autres, leur nature définie est tenue en bride par des lois que nous avons prescrites : toi, aucune restriction ne te bride, c'est ton propre jugement, auquel je t'ai confié, qui te permettra de définir ta nature* [...]*; afin que, doté pour ainsi dire du pouvoir arbitral et honorifique de te modeler et de te façonner toi-même, tu te donnes la forme qui aurait eu ta préférence.* »
>
> *De hominis dignitate / De la dignité de l'être humain*, (trad. Yves HERSANT), Pic de la MIRANDOLE, 1486.

Souvent, dans l'aventure humaine, la marge, de son étrange lueur, éclaire la majorité et la norme. Si Foucault a en son temps montré de quelle manière la folie avait engendré la psychiatrie, de nos jours le handicap offre le meilleur miroir grossissant à qui souhaite percevoir les mille rouages, tant les plus beaux que les plus honteux, de nos sociétés considérées comme avancées. Maints ouvrages récents, traités savants et témoignages vécus, abordant tel ou tel aspect de la différence humaine, portent désormais ce constat au langage : l'être différent, celui qui, à une époque, était le monstre, qui, de par sa difformité, nous met mal à l'aise, celui-là précisément peut, pour peu qu'on se hasarde à le fréquenter, mieux que quiconque nous dépeindre à nous-mêmes, dévoilant nombre de nos facettes que nous aurions si promptement négligées ou reléguées dans le monde sombre de l'oubli.

Dans cette vaste entreprise de redécouverte de notre monde par le prisme du handicap, rarement une thématique aura soulevé autant de problématiques que l'autisme. Si ce dernier concerne plusieurs centaines de milliers de personnes en France – en plus de leurs proches –, il offre avant tout un saisissant aperçu des travers dans lesquels notre société s'est fourvoyée, avec des conséquences dont tout citoyen, même non concerné à titre direct ou indirect, porte le fardeau. En vérité, l'autisme en France est, avant tout, un condensé sans pareil d'errements et de méprises dont la portée dépasse de loin le simple champ médical. L'épitomé de maux profonds et pérennes dont, bien souvent, on ressent l'emprise sans pour autant les comprendre tout à fait.

Sur ce scandale majeur, ami lecteur, le présent ouvrage réalise une enquête d'exception. Fruit d'un long et patient travail de documentation ainsi que de l'expérience concrète d'un parent, mariant avec bonheur témoignages et études statistiques, il se déploie page après page, thème après thème, en une exploration dont seul le sérieux du sujet l'éloigne du roman d'aventures.

Au sinistre point de départ de tous les échecs, l'enquête dresse le constat de la perturbante facilité avec laquelle, au cœur même de notre démocratie moderne, un pan entier de la population est relégué aux oubliettes. Ne plus avoir d'existence civique et légale, au sens où sa présence physique n'est plus perçue par la collectivité et où les lois fondamentales, elles qui, à l'accoutumée, vont de soi, n'ont plus cours. Cette mise à l'écart n'est pas seulement le triste apanage des personnes autistes qu'on s'évertue à appeler « déficientes » ou « cas lourds », malgré les évidences. Elle concerne, hélas, la grande majorité des personnes autistes, indépendamment de leur profil, et révèle ainsi sa nature réelle : celle d'une discrimination arbitraire et infondée.

De ce premier point naît le deuxième : trop fréquemment, les représentations collectives confondent autisme, violence et comportements inappropriés, dans un amalgame fantasmé qui justifie à son tour les mauvais traitements. Là encore, nombre d'études et de cas, dans la présente enquête, montrent au contraire que les comportements « à problème », lorsqu'ils sont présents, traduisent essentiellement la détresse, l'incompréhension et l'incapacité de communiquer d'une personne que l'on a, parfois durant toute son existence, mise hors d'état de réaliser les apprentissages les plus élémentaires, d'interagir avec ses semblables comme l'exigent pourtant les impératifs au fondement de toute éducation. En somme, bien des descriptifs de la violence que l'on aime à associer à l'autisme ne sont qu'autant de tableaux sinistres de nos propres défaillances et déficiences ou bien, pire encore, de la perverse volonté d'assigner ces dernières aux personnes qui en sont pourtant victimes.

Ensuite, tout s'enchaîne. Le manque ou l'absence d'éducation et d'inclusion laisse le champ libre non pas tant à la médecine qu'à sa caricature barbare, mélange de superstitions et de pratiques médiévales. Que l'on ne s'y méprenne pas : victimes d'une carence de formation en matière d'autisme, les praticiens, pris en étau entre une ignorance dont ils ne sont que trop conscients et un impératif de résultat, n'ont d'autre issue que la plus regrettable : l'affirmation d'un pouvoir médical dont le caractère impérieux vise à dissimuler le manque de fondement.

Ainsi, tant de familles seront persuadées – intimidations judiciaires à la clé – de confier leur enfant à un personnage endossant le rôle du spécialiste. Exposées aux contraintes de la situation et des hiérarchies médicales, elles finiront par céder à l'illusion des « soins » et de la « guérison », sacrifiant tout ce qui aurait dû constituer une vie de qualité pour leur enfant, de l'éducation au travail à l'âge adulte en passant par le logement et les loisirs. Le tout, naturellement, aux frais – exorbitants – de la collectivité, alors qu'une approche humaine et inclusive aurait conduit à de bien meilleurs résultats.

Qu'il me soit permis, à l'issue de ces trop longues lignes, non seulement de rendre un vibrant hommage plus que mérité aux auteurs du présent ouvrage, mais également de joindre quelques mots plus personnels. Ce que, sans doute, je retiendrai de la passionnante lecture du livre que vous tenez entre vos mains ne sera pas tant les chiffres et les arguments – nonobstant leur véracité et leur bon sens – que les témoignages, les parcours de vie dont l'ouvrage est tissé, et qui demeureront gravés dans ma mémoire. Un véritable hymne aux cheminements riches et variés de personnes autistes que, tant de fois, nul n'escomptait ou ne pensait possibles. Ces témoignages se rapportent à des visages qu'il m'a été donné, saltimbanque errant de l'autisme, de rencontrer au cours de ces dix dernières années.

C'est à toutes ces personnes, citoyennes d'Autistan ou visiteurs cheminant sur les routes lointaines de ce pays de l'étrange, à tous ces êtres si humains qui m'ont accueilli et émerveillé que vont mes remerciements émus et ma profonde gratitude.

Josef Schovanec
À Cayenne, le 1er décembre 2015

1
UNE MALTRAITANCE INSTITUTIONNALISÉE LE SORT DES ADULTES AUTISTES DANS LES STRUCTURES SPÉCIALISÉES

« *Tout homme ou toute institution*
qui essaieront de me voler ma dignité perdront. »

Nelson MANDELA

CELA FAIT DES SEMAINES, des mois, des années qu'il est enfermé dans cette cellule. Une fenêtre occultée pour que les passants ne le voient pas. Le néon qui crie sa lumière toute la journée. Dix mètres carrés, douze degrés dans le meilleur des cas. Pas de lit, pas même un matelas par terre. Pas de W.-C. non plus. Dans un coin, un seau hygiénique. Rien à faire de toute la journée. L'inactivité la plus entière, la plus totale, la plus parfaite, la plus absolue. Sauf quand il arrive à déchirer un peu plus les quelques lambeaux de tissu qu'on a jetés par terre en guise de couverture, pour qu'il dorme, pour qu'il joue, comme à un chien. Alors il déchire, il déchire, ça fait passer le temps. Parfois, la porte s'ouvre. On entre. On ne lui parle pas. Ni bonjour, ni au revoir. Le regarde-t-on seulement ? On lui apporte à manger. On pose le plateau par terre. Pas de couverts : il risquerait de se blesser. Débrouille-toi avec tes doigts.

La vie, comme dans la pire des geôles de Karachi. Pourtant, Acacio vit tout près de chez nous, ici. Il vit chez nous, dans un hôpital psychiatrique français où, faute de savoir comment l'aider à sortir de son handicap, les responsables l'ont isolé et le laissent croupir dans un taudis. Le plus souvent, Acacio reste calme, se pelotonnant dans un coin, recroquevillé pour échapper à ce monde qui lui semble si hostile. Puis, soudain, il se met à crier. Il frappe, il mord, il se tape la tête contre les murs. Et il casse tout. Alors on a tout retiré de sa chambre.

Bien sûr, il faut protéger Acacio, il faut protéger les autres d'Acacio. Mais plus il est enfermé, plus il s'énerve. Il s'énerve de ne pas comprendre ce qu'il fait là. Enfermé. Il s'énerve de ne pas se faire comprendre. Oui, il a peur des blouses blanches. Non, il n'aime pas la viande, il en a assez qu'on la mélange à sa purée. Il voudrait un second dessert. Et puis ses habits le grattent jusqu'à lui faire mal. Alors il les retire et reste nu. Seul. Dans cette cellule. Depuis des semaines, des mois, des années.

Finalement, pour le calmer, on l'assomme de neuroleptiques. Faute de lui imposer la camisole de force, torture médiévale s'il en est, on le cantonne à cette chambre « capitonnée ». Cette cage de 10 m^2. On lui impose la « camisole chimique ». Ça le défonce. Ça l'abrutit. Ça le laisse avachi, il bave, allongé sur le sol, sans pouvoir bouger, sans pouvoir rien faire, bientôt à peine capable de se mouvoir sur ses jambes. Il perd le peu de conscience qui lui reste. On ne le médicamente pas pour l'aider à sortir de son autisme, mais pour qu'il « fiche la paix » au personnel soignant. Acacio ne sait pas communiquer ? En réponse, on l'enferme, on l'attache, on le drogue, on le laisse seul ! On le punit ! Les neuroleptiques, c'est pratique. En plus, ça va vite régler le problème, puisque cela réduit sérieusement son espérance de vie. Si, en ce qui le concerne, on peut encore parler de vie…

Acacio est handicapé. Il est autiste. Comme lui, en France, de nombreux autistes sont enfermés. Ainsi, en 2011, la presse s'est fait l'écho de la situation d'un enfant autiste de 11 ans[1] – la maltraitance ne concerne pas seulement les adultes –, interné dans un service psychiatrique pour adultes : le personnel le séquestrait dans une cage métallique pour le « protéger des autres malades ». Que dire d'Éva, 15 ans, que ses parents retrouvent, dans sa chambre à l'hôpital psychiatrique, dans le noir, sanglée sur son lit, assommée de médicaments, avec des excréments partout sur le lit, sur le mur[2] ? Et Sabine[3], la

1. Rapport de l'Inspection générale des affaires sociales (Igas), « Analyses d'accidents en psychiatrie et propositions pour les éviter », tome 1, mai 2011, p. 32.

2. Bourgoin N., *Enfants handicapés : révélations sur les centres qui les maltraitent*, diffusé sur M6, *Zone interdite*, 19 janvier 2014.

3. Bonnaire S., *Elle s'appelle Sabine*, Thomas Schmitt, Mosaïque Films, 2008.

sœur de Sandrine Bonnaire, internée pendant cinq années : submergée de neuroleptiques, la jeune fille autonome, souriante, intelligente, en dehors des accès de violence apparus tardivement dans son histoire, a changé pour devenir prostrée, mutique, méfiante, « bavante », incontinente, incapable d'autonomie, sa mémoire dégradée, la plupart de ses facultés profondément altérées, en plus d'être tuméfiée par de multiples tentatives d'automutilation. Ou encore Pascal, cet homme de 44 ans, détruit par les tranquilisants, anéanti par ses conditions de « vie », qui, durant l'été 2012, est mort seul, en chambre d'isolement, sans personne pour lui tenir la main.

Combien sont-ils à être ainsi enfermés ? Les chiffres existent, terrifiants. Il ne s'agit pas de quelques cas exceptionnels, mais bien de 465[1] autistes officiellement recensés – en ne prenant que les cas connus – qui, en 2010, étaient ainsi détenus en isolement. L'inspection générale des affaires sociales (Igas), qui a révélé ce chiffre en 2011, avoue que les deux tiers des personnes placées en isolement de plus de trente jours pendant leur séjour en hôpital psychiatrique sont des autistes ou apparentés[2].

Tous les adultes autistes ne sont pas, heureusement, enfermés en cellule d'isolement. Difficile de

1. Calcul effectué par nos soins à partir du rapport de l'Igas, « Analyses d'accidents en psychiatrie et propositions pour les éviter », mai 2011, annexe 6, tableau 19.

2. Calcul effectué par nos soins à partir du rapport de l'Igas, « Analyses d'accidents en psychiatrie et propositions pour les éviter », *ibid.*

savoir avec précision, mais environ 50 000 personnes avec autisme sont prises en charge, le plus souvent à l'hôpital psychiatrique, dans des conditions qui ne respectent pas toujours les droits élémentaires des patients : promiscuité, port obligatoire du pyjama dans la journée, mais aussi inactivité, ennui. La plupart déambulent ou restent prostrés sur un fauteuil, assommés par des médicaments qui permettent d'éviter les dérapages. « Parfois, j'arrive dans des établissements – j'en visite régulièrement. À 9 heures du matin, vous voyez des jeunes étendus sur des canapés dans un état comateux. Bon, on les a "drogués" pour que l'équipe soit tranquille[1]. »

Sans parler de la maltraitance. Une enquête menée par le Collectif Autisme en 2014 montre que 43,8 %[2] des personnes autistes ont été victimes de mauvais traitements, dans des établissements devenus de « véritables usines à fabriquer de la maltraitance, faute de moyens suffisants, de formation des personnels soignants et d'une volonté de la direction de mettre en place un projet d'accompagnement reposant sur le développement personnel et l'autonomisation des résidents[3] ». Les pouvoirs publics ne le nient pas : « Les situations de maltraitance dans les hôpitaux psychiatriques concernent presque toujours des unités d'autistes ou de malades ayant des

1. Josef Schovanec, dans l'émission *Il n'y en a pas deux comme elle*, Europe 1, 2 avril 2015.

2. Enquête du Collectif Autisme, du 12 février au 9 mars 2014, auprès de 200 associations locales et nationales.

3. Dossier de presse du Collectif Autisme, avril 2014.

troubles envahissants du développement[1]. [...] La présence médicale s'avérait très lointaine ou quasi inexistante, les cadres de santé étaient malades ou absents, le directeur des soins ne s'aventurait pas dans les services. Confrontées à une réalité quotidienne vécue comme pénible et sans perspective, les personnes maltraitantes étaient généralement des aides-soignantes livrées à elles-mêmes, avec une infirmière inexpérimentée débordée. Les collègues étaient souvent au courant, mais n'osaient pas en parler par solidarité professionnelle[2]. » Et de pointer que, régulièrement, des malades, généralement des autistes, étaient retrouvés le matin dans leur lit ou couchés par terre, présentant des hématomes ou des plaies au visage, sans que l'on sache dans quelles circonstances cela s'était produit (agression ou automutilation)[3]. En 2014, l'excellent documentaire télévisuel de Nicolas Bourgoin[4] a dénoncé la situation d'enfants que, dans certains instituts, on moque, on humilie, on menace, on insulte, on frappe, mais aussi auxquels on nie toute intimité, les lavant devant le groupe, les mettant dans des toilettes sans séparation…

La maltraitance, le plus souvent passive, se double parfois d'une maltraitance active. Dans son

1. Autre dénomination de l'autisme.

2. Rapport de l'Igas, « Analyses d'accidents en psychiatrie et propositions pour les éviter », tome 1, mai 2011, p. 36.

3. Rapport de l'Igas, « Analyses d'accidents en psychiatrie et propositions pour les éviter », *ibid.*, p. 29.

4. Bourgoin N., *Enfants handicapés : révélations sur les centres qui les maltraitent*, *op. cit.*

documentaire *Solutions d'espoir. Un regard sur l'autisme en France*, Romain Carciofo tend son micro à une infirmière courageuse qui témoigne : « J'ai vu une patiente assez agitée, qui avait des troubles du comportement. Elle refusait de manger. Quand cela ne lui plaisait pas, elle jetait son assiette par terre. À plusieurs reprises, j'ai vu les soignants qui lui mettaient des claques. Dès qu'elle commençait à s'agiter, elle était emmenée hors de la salle à manger, enfermée seule dans la toute petite pièce à côté, où elle se tapait la tête contre les murs. Une fois, elle s'est ouvert le crâne. Je me souviens d'une infirmière qui m'a dit : "De toute façon, on n'est pas sûr qu'ils aient mal. Donc cela ne sert à rien de les soigner." J'ai entendu : "Ce ne sont que des animaux, ils ne pensent qu'à bouffer."[1] »

Quand un simple « bonjour » devient l'Everest

Il n'y a pas si longtemps, pourtant, les autistes vivaient parmi nous. Jusque dans la première moitié du XXe siècle, ce handicap était inconnu. Ceux que l'on connaissait alors comme les « idiots du village » étaient regardés avec plus ou moins de bienveillance, selon les époques et les lieux, tolérés dans la société rurale, où les urbains n'hésitaient d'ailleurs pas à les expédier.

1. Emmanuelle, infirmière dans une unité de soins psychiatriques, dans le film de Romain Carciofo, *Solutions d'espoir, un regard sur l'autisme en France*, Arouna Lipschitz, V2lam Productions, 2013.

Ce n'est qu'en 1943 que, pour la première fois, un pédopsychiatre américain d'origine autrichienne, Leo Kanner, s'est penché sur le cas de quelques enfants incapables d'« établir une relation ordinaire avec les gens et les situations, depuis le début de leur vie[1] ». Il relevait chez ces patients quelques caractéristiques qui allaient brosser le premier tableau de l'autisme : un goût prononcé pour la solitude, une aversion pour les changements, des réactions anormales au bruit, des particularités du langage, une excellente mémoire, des comportements répétitifs et des troubles alimentaires. Il utilisa alors, pour désigner cette pathologie, le terme d'« autisme » (du grec *autos*, « soi-même »), car les personnes concernées semblaient plongées dans la contemplation de leur monde intérieur.

L'année suivante, en 1944, sans avoir connaissance des travaux de son confrère, un pédiatre autrichien, Hans Asperger[2], se penchait sur une « psychopathie autistique de l'enfance » qui associait un repli sur soi dès le plus jeune âge, une carence d'empathie, des troubles de la communication, des difficultés d'adaptation sociale et un mélange entre des capacités lacunaires et de véritables exploits intellectuels. Ses travaux sombrèrent dans l'oubli,

1. Kanner L., *in* Garreau B., Zilbovicius M., « Voir dans le cerveau. À la recherche des causes de l'autisme », *La Recherche*, juillet 1996, n° 289, p. 94.

2. Asperger H. « Die autistiechen Psychopathen im Kindesalter », *Archiv für psychiatrie und nervenkrankheinten*, 1944, 117, 76-136.

avant d'être réhabilités en 1981 par la psychiatre britannique Lorna Wing, qui, pour rendre hommage à son prédécesseur, donna aux symptômes observés le nom de « syndrome d'Asperger ». Rapidement, elle montra que ce syndrome se situait dans le continuum de l'autisme : l'un et l'autre étaient deux variantes d'une même pathologie.

Ces deux chercheurs avaient identifié un handicap qui se manifeste dès les premiers mois de la vie et entrave la capacité à la socialisation et à la communication : les autistes ne comprennent pas ce que font les autres, ils ne savent pas comment interagir avec eux et, pour 30 à 50 % d'entre eux[1], ils n'ont pas accès à la parole ou acquièrent mal le langage verbal. Pour tenter de comprendre leur état, imaginons qu'un matin on nous transporte, encore enfant, en pleine jungle ; on nous installe au sein d'un peuple inconnu que nous percevons comme hostile. Ces gens nous nourrissent de manière imprévisible, avec des choses qui, pour la plupart, nous semblent immangeables. Ils nous contraignent à agir d'une manière qui nous paraît incohérente. Personne ne nous explique ce que nous faisons là, ni ce que l'on attend de nous, encore moins ce que nous pouvons attendre des autres. Nous n'avons aucun moyen de communiquer avec ces autres : nous ne parlons pas leur langue et ne comprenons pas leurs gestes. Nous avons même du mal à les distinguer des arbres

1. Zilbovicius M., extrait des bonus *in* Robert S., *Le Mur, la psychanalyse à l'épreuve de l'autisme*, Dragon Bleu TV, 2011.

et des plantes qui les entourent. Nous craignons sans cesse pour notre sécurité et notre survie. Terrassés par l'angoisse, à bout de nerfs, nous cédons progressivement à de violentes réactions de désespoir. Tel est le quotidien des autistes.

Difficile de savoir comment réagir face à ces autistes : tant qu'ils sont « dans leur monde », ils ne gênent personne – quoique, dans notre société, le comportement standardisé soit de mise. Mais quand certains – les plus atteints – « dérapent », poussent des cris, commencent à se frapper la tête contre les murs, voire deviennent violents, frappent, griffent, mordent, que faire ? Notre société lissée a trouvé la solution : s'ils ne comprennent pas notre monde, autant les enfermer dans un monde parallèle, qui n'a aucun sens, aucun but, aucune issue. On se débarrasse à bon compte du problème, et comme ces autistes « extrêmes » demeurent loin de nos regards, nous pouvons les y oublier. Tant pis si, ainsi enfermés, ils n'ont plus aucune chance d'apprendre à communiquer, à entrer en relation, à décrypter. Acacio et les autres, séparés de nous par leur autisme, sont désormais coupés du monde.

Une drôle de tête

On connaît mal l'autisme : plus exactement, on le comprend mal. Comme le dit Laurent Petit, qui dirige le CAAP[1], un centre pour autistes : « On n'a

1. CAAP : Centre pour adultes avec autisme en Poitou.

aucune idée de ce qu'il y a dans la tête des autistes, nous sommes condamnés à essayer d'interpréter en permanence.»

Pour expliquer ce trouble de la socialisation et de la communication, des chercheurs ont avancé l'hypothèse d'un déficit de fonctionnement des neurones miroirs[1]. Les neurones miroirs sont des cellules nerveuses qui s'activent quand nous voyons les autres exécuter des gestes, de la même manière que si nous effectuions ces gestes nous-mêmes : que je nourrisse mon enfant ou que je regarde une amie nourrir le sien, mon cerveau se met en action à l'identique. C'est tout juste si ma main ne se joint pas à l'intention pour reproduire le geste. L'hypothèse d'un dysfonctionnement des neurones miroirs est, intellectuellement, satisfaisante : elle expliquerait la mauvaise capacité des autistes à décrypter les attitudes, les mimiques, mais aussi à imiter les gestes. Mais des études de neuro-imagerie[2] annoncent que cette piste semble moins prometteuse qu'il n'y paraît.

On évoque davantage, ces dernières années, l'idée d'un « déficit de la théorie de l'esprit ». Cette impressionnante expression couvre une réalité fort simple : les autistes auraient une mauvaise capacité à comprendre les intentions des autres. On sait que, très tôt, dès l'âge de 15 mois, le bébé est capable d'envisager que l'autre ne pense pas forcément la

1. Rogé B., *Autisme, comprendre et agir*, 2e éd., Dunod, 2008, p. XVI.

2. Études menées en 2007 par Ilan Dinstein et ses collègues du Centre de neurosciences de l'université de New York.

même chose que lui. Une expérience[1] a montré que si l'on cache un jouet quand l'attention d'un tiers est détournée, le bébé sait que ce tiers ira chercher le jouet à son emplacement initial. Il s'étonnera si ce tiers vient chercher le jouet à sa nouvelle place. Il sait que ce tiers croit que le jouet se trouve encore là où il l'a vu pour la dernière fois. Les autistes, au contraire, s'avèrent incapables de se représenter les états mentaux des autres et de distinguer leurs croyances de celles d'autrui : ils pensent que le tiers sait que le jouet a été déplacé. Cette incapacité à décrypter les pensées des autres les empêcherait de prédire leurs comportements, simplement même de les comprendre. Faute de se représenter ce qui se passe dans la tête de ceux qui les entourent, ils errent dans un monde irrationnel, où les comportements humains ne sont rien moins que déroutants.

Plus récemment, des chercheurs se sont penchés sur l'idée d'un « déficit de la motivation sociale ». Alors que les personnes sans autisme (on nous appelle les « neurotypiques ») sont spontanément et prioritairement intéressées par les interactions sociales, les personnes avec autisme auraient une motivation au moins aussi forte pour les activités non sociales. Une expérience a ainsi été menée sur le regard préférentiel d'enfants de 14 à 42 mois[2] aux-

1. Onishi K. H. et Baillargeon R., « Do 15-month-old infants understand false beliefs? », *Science*, 2005, 308.

2. Pierce K. et *al.*, « Preference for geometric patterns early in life as a risk factor for autism », *Arch Gen Psychiatry*, 2011, 68 (1), p. 101-109.

quels on présente simultanément deux petits films : la vidéo d'un enfant en train de jouer et une figure géométrique animée. Les neurotypiques passent plus de temps à regarder l'enfant, tandis que les autistes distribuent de manière égale leur temps d'observation entre les deux visuels. Selon cette théorie, ce n'est pas tant que les autistes ne voient pas les autres, ne comprennent pas les émotions affichées par les autres, n'envisagent pas leurs pensées, mais plutôt qu'ils ne s'y intéressent pas.

Dans ce vaste champ d'exploration, on tient donc pour acquis que le cerveau des autistes ne fonctionne pas comme le nôtre. Dès les années 1970-1980, une trentaine d'années seulement après les travaux de Kanner, l'autopsie de personnes autistes a mis au jour des anomalies de leur cerveau. Depuis les années 1990, l'imagerie cérébrale permet d'étudier le cerveau de patients vivants : non seulement il n'est plus nécessaire d'attendre leur décès pour en savoir davantage sur l'autisme, mais, surtout, les nouvelles techniques permettent d'observer le cerveau « en action » et d'identifier les zones en jeu lors des différentes tâches menées par un individu. Les chercheurs ont constaté des dysfonctionnements, de moindres activations de certaines régions frontales et temporales chez les personnes avec autisme, des zones justement utilisées dans le traitement des informations visuelles (perception des regards, des expressions faciales, des postures et de l'intention qu'elles révèlent) et auditives (capacité à distinguer les voix humaines parmi les autres sons, capacité à identifier les personnes à leur voix...) ; en somme, le cœur du cerveau dans les interactions sociales[1]. Certains évoquent même une désorganisation de l'architecture cérébrale du lobe frontal et du lobe temporal, sièges des fonctions sociales, des émotions, de la communication et du langage[2].

Du silence à la colère

L'autisme est un handicap de la socialisation et de la communication. Il ne se caractérise pas par des troubles du comportement : toutes les personnes avec autisme n'ont pas nécessairement des troubles du comportement. Elles ne sont pas toutes agitées, toutes ne poussent pas des cris ou ne se jettent pas soudainement sur ceux qui s'approchent d'elles. Bien plus, l'apparition de ces troubles du comportement n'est pas la conséquence de l'autisme, mais plutôt la conséquence de l'impossibilité de communiquer que l'autisme entraîne, plus ou moins, selon les degrés d'atteinte. Comme les malades atteints d'Alzheimer, qui ne deviennent pas nécessairement irascibles. Mais plus le contact est difficile, voire impossible, plus la frustration est grande, l'anxiété envahissante, l'hyperactivité dominante, jusqu'à des accès de colère, des comportements agressifs, des gestes d'automutilation. Anne-Sophie Ferry témoigne ainsi du

1. Travaux menés notamment par le Dr Monica Zilbovicius, médecin psychiatre et chercheur à l'Inserm.

2. « L'autisme résulterait d'anomalies dans la formation cérébrale du fœtus », *Lefigaro.fr*, 26 mars 2014.

parcours de son fils : « Je me mets à sa place, ne pas pouvoir demander ce dont on a besoin tout de suite, et entendre des gens émettre en permanence des tas de sons sans aucun sens… Finalement, à cause de l'absence de langage, il se comportait comme un nouveau-né ; les premiers cris peuvent durer des heures pour être porté, ou réclamer à manger, puis ils s'estompent avec le langage. J'en viens à me demander s'il a vraiment eu "des angoisses parce qu'il était autiste" ou si, simplement, il n'a pas eu la possibilité de communiquer sur ses envies, ce qui l'a mis de très très mauvaise humeur… Il pleurait et se contorsionnait des heures parce qu'il voulait s'exprimer[1]. »

Les témoignages concordent : les autistes les plus atteints, ceux qui n'ont pas accès à la parole, sont prisonniers d'effroyables angoisses, souffrent de dépression récurrente, de troubles majeurs du sommeil. Ils tentent de se calmer en s'accrochant à des routines et répètent sans cesse des gestes – marcher de long en large, faire tourner les roues de petites voitures, contempler la lumière du plafonnier – jusqu'à l'hypnose. Quand cela ne suffit plus, quand l'enfant, l'adolescent, puis l'adulte, n'a plus d'autres manières d'exprimer sa frustration, il se roule par terre en hurlant, se frappe la tête contre les murs, s'automutile et casse tout. Pourtant, quand on lui apprend à communiquer – nous verrons plus loin comment –,

1. Ferry A.-S., *Le Royaume de Tristan. Guide de survie d'une maman face à l'autisme*, Michalon, 2015.

les troubles du comportement s'estompent jusqu'à cesser totalement. Là encore, Anne-Sophie Ferry en témoigne : « Nous avons [désormais] de petites conversations et beaucoup d'échanges. Le dialogue a pris le dessus sur l'impulsivité et, maintenant, quand il commence à mordre sa main par énervement dans un nouveau lieu, j'arrive, uniquement avec des mots, des mises en garde ou des respirations profondes, à lui rendre son sourire qui veut dire : "OK, je me calme[1]." » Ce qui prouve que ces troubles ne sont pas inhérents à l'autisme mais bien la conséquence de l'incapacité à communiquer : l'autisme ne se caractérise ni par la violence, ni par des accès de colère.

Pour expliquer les difficultés qu'ont les personnes avec autisme à entrer en contact avec le monde extérieur et à communiquer, certains chercheurs émettent l'hypothèse qu'ils ne parviennent pas à hiérarchiser les informations qui affluent à leurs cinq sens : ils seraient comme plantés devant un téléviseur diffusant cinq chaînes simultanément. L'image est bonne, le son est parfait, mais impossible de savoir où donner de la tête, de faire le tri et de comprendre. Face à ce chaos du monde extérieur, les réactions diffèrent. Incapables dans ce brouhaha de reconnaître la voix humaine, certains ne distinguent même pas l'appel de leur prénom, au point de passer pour sourds. D'autres,

1. Ferry A.-S., *Le Royaume de Tristan, ibid.*

au contraire, entendent à l'excès, au point que le lointain ronronnement d'une tondeuse à gazon leur est insupportable. Certains ne parviennent pas à faire le tri dans leurs sensations et, passant pour hyposensibles, se montrent indifférents à de fortes sensations, y compris la douleur. D'autres encore ressentent tout avec intensité, comme le simple contact physique avec tel ou tel textile qui les tétanise, au point de ne plus supporter leurs vêtements et de chercher à rester nus. L'un sera enthousiasmé par un effluve quasi indétectable, un autre hypnotisé par une lumière qui clignote. « Voilà que déferle soudain, renversant tout sur son passage, un flux sensoriel déclenché par votre environnement, sans le moindre filtrage qualitatif. Couleurs et motifs s'y bousculent en hurlant, dans le dessein de capter votre attention. L'adoucissant textile de votre pull-over exhale un arôme aussi entêtant qu'un désodorisant d'ambiance qu'on vous pulvériserait sous le nez. Votre jean, si confortable habituellement, vous gratte autant qu'une étoffe de bure rêche. Mais ce n'est pas tout : votre système vestibulaire proprioceptif est lui aussi en panne, si bien que le sol tangue comme un ferry par gros temps ; du coup vous n'êtes plus du tout certain que vos pieds et vos mains sont toujours en relation avec le reste de votre corps. Vous éprouvez la sensation tactile des plaques osseuses qui composent votre crâne. Vous sentez physiquement chacun de vos muscles faciaux et votre mâchoire. Votre tête est comme prise en étau dans un casque de motard trois tailles trop petit, ce qui explique peut-être (ou pas) pourquoi le climatiseur vous semble aussi assourdissant qu'une perceuse électrique. Quant aux paroles de votre père, qui se trouve pourtant juste devant vous, elles sont à peu près aussi intelligibles que s'il vous appelait sur son portable, depuis un train circulant à l'autre bout du monde, conversation régulièrement entrecoupée de passages dans des tunnels et tenue dans une langue que vous ne comprenez plus[1]. »

Dans un témoignage poignant comme une bouteille à la mer jetée depuis les ténèbres de l'autisme, Naoki Higashida, jeune autiste japonais de 13 ans, qui ne parle pas mais a appris à écrire sur ordinateur, raconte : « Quand je vois que j'ai fait une erreur, je pète les plombs. [...] Si minuscule que soit cette erreur, pour moi, c'est insupportable, c'est vraiment un cataclysme. [...] Quand je constate que j'ai fait une erreur, je suis submergé par une sorte de tsunami. Et, comme ces arbres ou ces maisons qui sont emportés par la vague, le choc me dévaste complètement. Je suis tellement tétanisé par ce qui m'arrive que je ne sais plus faire la distinction entre les réactions justes et la mauvaise réaction[2]... »

1. Introduction de David Mitchell au livre de Naoki Higashida, *Sais-tu pourquoi je saute ?*, Les Arènes, 2014.

2. Higashida N., *Sais-tu pourquoi je saute ?*, *ibid.*

Erreur d'orientation

Compte tenu du calendrier de maturation[1] des différentes parties du cerveau, on sait désormais que son développement différent chez les autistes commence *in utero*. L'autisme est une pathologie organique, un handicap neurologique présent avant la naissance. On naît autiste comme on naît myopathe : on ne le devient pas, ce n'est pas une maladie que l'on pourrait attraper. Et ce n'est surtout pas, comme on l'a longtemps pensé, une maladie psychique, une sorte de « folie » qui se développerait dans la petite enfance. Dès lors, pourquoi enfermer à l'hôpital psychiatrique les autistes, qui donnent déjà l'impression d'être emmurés dans un monde intérieur ? Pire encore, pourquoi les cloîtrer en cellule d'isolement où ils ne risquent pas d'apprendre ? Enfermerait-on à l'hôpital psychiatrique un aveugle de naissance sous prétexte qu'il ne sait pas voir, un sourd parce qu'il n'entend pas ?

Dans un article intitulé « Histoire banale d'une vie foutue… Merci la France ! », publié sur son blog, Magali Pignard, elle-même autiste, rapporte les propos de la maman de Florent, 23 ans : « Là où il est placé, le personnel n'est pas formé. Pas de programme éducatif, pas d'objectifs fixés. En fait, on le surveille, on l'occupe. Bilan : depuis le début, quasiment pas de prise en charge adaptée.

1. Dr Thomas Insel, directeur de l'Institut américain de la santé mentale (NIMH).

[…] Aujourd'hui, Florent est dans un foyer d'accueil médicalisé. Plus il grandit, plus c'est dur de l'occuper. […] Alors il tourne en rond, crie, frappe. Pour attirer l'attention, pour échapper à quelque chose qu'il ne veut pas faire. Pour passer le temps, tout simplement. Comment réagit du personnel non formé aux troubles du comportement ? Simple : en donnant des neuroleptiques. Conséquences : Florent se calme… Mais il y a des effets secondaires. Il a mal aux yeux, aux dents. Il bave, tremble. Il n'a plus goût à rien, plus trop d'émotions. Et, bien sûr, les médicaments n'arrangent pas son cerveau : ses capacités intellectuelles diminuent de manière irréversible. On n'arrive même plus à comprendre ce qu'il dit, car il a des troubles de l'élocution[1]. »

Comme l'affirme la sénatrice Valérie Létard : « Que ce soit pour les enfants ou pour les adultes, le dernier recours a été ou reste encore, par défaut trop souvent, la sphère médicale de l'hôpital psychiatrique, pourtant inadapté pour la prise en charge continue des personnes autistes. Ils y sont, encore aujourd'hui, bien souvent accueillis, sans beaucoup d'actions éducatives spécifiques, avec un coût de journée élevé et sous condition de places disponibles. Ces personnes n'ont pas leur place dans les services de l'hôpital psychiatrique. Elles y régressent, car, maintenues pendant des mois, voire des années, dans une structure inadaptée à leur état, elles y

1. Pignard M., « Florent, 23 ans, autiste : histoire banale d'une vie foutue… Merci la France ! », *The Autist*, le blog de Magali Pignard, 19 septembre 2012.

perdent les potentialités d'adaptation sociale et d'autonomie qu'elles avaient pu acquérir par ailleurs. Les soignants de psychiatrie ne sont pas des éducateurs. [...] L'hôpital psychiatrique n'a pas vocation à prendre des personnes autistes pour des séjours longs, mais, dans le cadre de ses missions, pour des séjours courts et éventuellement itératifs pour des situations complexes ou de crise[1]. »

Les autorités le confirment : « Un nombre conséquent d'adultes avec autisme sont engagés dans des parcours inadéquats[2] », des « structures non adaptées où ces personnes, adultes ou âgées, vivent dans une situation d'abandon[3] ». Car « les établissements, les services, les hôpitaux ont construit leur accompagnement pour la déficience intellectuelle ou pour la maladie mentale. L'autisme n'est ni l'un ni l'autre[4] ».

1. « Évaluation de l'impact du Plan Autisme 2008-2010 – Comprendre les difficultés de sa mise en œuvre pour mieux en relancer la dynamique », rapport de Valérie Létard, ancienne ministre, sénatrice du Nord, à Roselyne Bachelot, ministre des Solidarités et de la Cohésion sociale, décembre 2011, p. 78.

2. Pr Baghdadli A., Rattaz C., Dr Ledésert B., « Étude des modalités d'accompagnement des personnes avec troubles envahissants du développement (TED) dans trois régions françaises », rapport du ministère du Travail, de l'Emploi et de la Santé, mars 2011, *in* « Troisième Plan Autisme (2013-2017) », présenté le 2 mai 2013 par Marie-Arlette Carlotti, ministre déléguée chargée des personnes handicapées et de la lutte contre l'exclusion.

3. Comité consultatif national d'éthique pour les sciences de la vie et de la santé, avis n° 102 « Sur la situation en France des personnes, enfants et adultes, atteintes d'autisme », 2007.

4. Les avis du Conseil économique, social et environnemental, « Le coût économique et social de l'autisme », présenté par Christel Prado, Les Éditions des Journaux officiels, 2012, p. 22.

Le Comité consultatif national d'éthique en a fait le constat sévère dans un avis datant de 2007 : « Au lieu de considérer, comme trop souvent dans notre pays, que, parce que des enfants et des personnes adultes ont des problèmes d'interaction sociale, il faut d'abord les exclure de la société et les isoler dans des institutions avant de pouvoir les accompagner, l'idée est qu'il faut leur donner accès à ce dont ils manquent, et à quoi chacun a droit : la capacité de vivre, aussi pleinement que possible, avec les autres, parmi les autres. Malgré des efforts importants réalisés depuis une dizaine d'années, la situation en France dans ce domaine est toujours dramatique[1]. »

Les familles en roue de secours

Nombre de parents refusent l'internement de leurs enfants dans ces centres inadaptés : « On a trop d'exemples autour de nous de jeunes et d'adolescents, d'adultes placés en hôpital psychiatrique : [...] ce sont les chambres d'isolement, la camisole chimique, ils redeviennent des zombies “bavants”, ils sont méconnaissables[2]. » Ce recours à la camisole chimique se double souvent d'une contention physique, une pratique moyenâgeuse encore en vigueur

1. Comité consultatif national d'éthique pour les sciences de la vie et de la santé, avis n° 102 « Sur la situation en France des personnes, enfants et adultes, atteintes d'autisme », *op. cit.*, p. 16.

2. Carciofo R., *Solutions d'espoir, un regard sur l'autisme en France*, *op. cit.*

qui consiste à attacher le patient à son lit, au niveau des pieds et des mains.

Pour éviter cela, et comme bien d'autres, les parents d'Olivier, 27 ans, ont fait le choix de garder leur fils à la maison. Ils ont organisé leur vie autour d'Olivier ; Olivier qu'il faut laver, habiller, surveiller comme un enfant de 3 ans. Olivier qui casse tout, au point qu'ils ont réaménagé la maison pour ne rien laisser à sa portée. Olivier qui mord ses parents, lesquels, honteux, osent à peine dire à la pharmacienne pourquoi ils achètent si souvent de quoi faire des pansements. Des parents qui ne sortent plus, qui n'ont plus de vie sociale. Qui demeurent cloîtrés dans leur maison pour faire de l'« autiste-sitting ». Qui ne peuvent même pas investir leur rôle de grands-parents et recevoir les jeunes enfants de leur aîné. Trop risqué. Des parents angoissés : que deviendra Olivier quand eux-mêmes ne seront plus là ? Quand ils n'auront plus l'âge et la force de maîtriser Olivier ? Quand ils n'auront plus la solidité psychologique pour tenir Olivier à bout de bras ?

Leur quotidien ressemble à celui des parents d'Éva, cette jeune fille de 15 ans qui vivait attachée à son lit. À force de batailles, ils sont parvenus à faire sortir leur fille de l'institution dans laquelle elle était murée et lui réapprennent peu à peu à vivre normalement, en famille. Mais à quel prix ? Éva est très atteinte, et son passage en HP a amplifié ses crises. Autiste non verbale, elle n'a que la colère et les cris pour exprimer ses frustrations, ses refus, ses désirs aussi. Comme un enfant de 2 ans qui se roulerait par terre pour obtenir ce qu'il veut, mais avec la force d'une jeune femme difficile à maîtriser. Parents, frères et sœurs sont en permanence aux aguets, pour l'empêcher de blesser les autres et surtout, surtout, l'empêcher de se faire du mal à elle-même. Dans une autre famille, c'est Laurent qui casse tout : la télévision, la baie vitrée... Pour calmer ses crises, ses parents l'emmènent, comme on le fait parfois pour un tout-petit, faire des tours et des tours de périphérique en voiture.

Combien d'autistes adultes vivent ainsi, loin de nos regards, dans leur famille ? Encore ont-ils eu la chance de sortir de l'hôpital psychiatrique. Acacio avait été amené dans un service d'urgence à l'hôpital psychiatrique pour un séjour provisoire qui est devenu interminable : une véritable voie de garage. Impossible de l'en sortir, tant son état s'était dégradé. Impossible de trouver le levier juridique permettant de l'en extraire. Ses parents et sa sœur aînée se sont relayés à son chevet pour le nourrir et lui garder un semblant d'humanité. Régulièrement, ils le retrouvaient baignant dans ses excréments. Sa famille, ses amis, ses voisins ont remué ciel et terre pour lui trouver une porte de sortie. Pour lui, l'hôpital s'est transformé en prison.

D'autres, par chance, n'y sont jamais entrés. Du vivant de ses parents, Gérald, aujourd'hui 58 ans, habitait dans leur pavillon de la banlieue parisienne. Il y a trois ans, quand sa mère est décédée, le laissant seul, sa sœur Annie l'a pris en charge en lui rendant visite chaque jour. Gérald a une vie extrêmement réglée : il se lève de bonne heure, prend ses repas à heures fixes, se couche tôt, comme quand il était enfant. Il sait se préparer un bifteck mais préfère manger des crèmes desserts. Il sait faire les courses mais a tendance à n'acheter que des bonbons et des gâteaux. Alors, Annie veille à ce qu'il ait des repas équilibrés. Elle prend ses rendez-vous et l'accompagne chez le médecin. Elle s'occupe des démarches administratives et gère son argent. Elle lui achète ses vêtements et ses chaussures : des chaussures à scratch, car il ne sait pas nouer ses lacets ; des pantalons en toile rigide pour qu'il puisse les enfiler de manière autonome ; des blousons avec des poches fermées, car il a peur qu'on lui vole ses affaires dans le métro. Dans la journée, Gérald prend les transports en commun et se déplace en Île-de-France. Il part à la recherche d'un bon disquaire où se procurer de la musique classique qu'il apprécie. Ou encore, il gagne les lieux de rendez-vous des collectionneurs de pièces, dont il fait partie. Avant de rentrer à la maison, il passe chez le libraire acheter quelques magazines sur la numismatique, puis regagne son pavillon pour y regarder la télévision, surtout la météo et les informations.

Annie évoque régulièrement avec Gérald le projet de vendre la maison et de lui trouver un hébergement. Elle en parle toujours avec douceur, car il est affolé à l'idée qu'on pourrait l'abandonner. Un jour qu'elle l'emmenait à l'hôpital pour une consultation, il est devenu nerveux, persuadé qu'on l'y amenait pour le faire interner. Annie lui explique qu'elle lui cherche un hébergement adapté. Pas n'importe quel foyer d'hébergement pour adultes handicapés. Elle sait, pour les avoir visités, que son frère n'y serait pas heureux. Il a besoin de vivre dans un endroit où il sera considéré, et doit conserver la possibilité de sortir dans la journée : il n'est pas un animal que l'on doit parquer, mais un être humain qui a des droits. En outre, la plupart des foyers regroupent des personnes aux pathologies extrêmement variées avec lesquelles les autistes ne sont pas en phase. Pire, l'encadrement méconnaît le plus souvent le mode de fonctionnement et de communication si particulier des autistes : « C'est à nous de nous adapter à Gérald, non l'inverse. Sinon, on va nécessairement au clash. » Annie parle par expérience. Au cours de sa vie, son frère a été plusieurs fois interné pour des accès de colère : « Il a eu droit à tout, la camisole de force, la camisole chimique, les chocs électriques... Mais il n'a jamais eu droit à une prise en charge adaptée. » Et Annie d'expliquer : « Depuis que mon frère est enfant, ma mère et moi-même avons tout pris en charge. Je suis en colère après l'État, après la société française. Nous ne sommes pas des professionnels compétents pour gérer le handicap de mon frère. Mon frère a bouffé une partie de ma vie. Je la lui offre volontiers, car c'est mon frère, et je l'aime. Mais c'est épouvantable de voir à quel point on nous a laissés avec ce problème sur les bras. En France, la prise en charge des personnes adultes avec autisme est inexistante. Les personnes avec un handicap physique ont plus de chances de voir leurs droits respectés que les personnes avec un handicap mental. En ce qui les concerne, tout le monde s'en fiche. La seule solution qu'on nous propose, c'est l'asile, avec les calmants, comme si les personnes calmes cessaient de souffrir. On dirait que cela gêne les gens de devoir prendre en charge les handicapés mentaux – comme les personnes âgées, d'ailleurs. Alors, on préfère les jeter. Si je n'étais pas là, mon frère serait traité comme un fou : enfermé à l'asile ou jeté à la rue. »

Solution d'espoir[1]

Or les troubles du comportement ne sont pas inhérents à l'autisme : ils ne définissent pas l'autisme, ils en découlent. Pour mieux comprendre, faisons ici un rapide détour par l'étonnante histoire d'Helen Keller, cette petite Américaine sourde et aveugle qui vivait en Alabama à la fin du XIXe siècle. Incapable de communiquer avec les autres du fait de son handicap, elle tyrannisait sa famille par ses accès de rage. Alors que ses parents renonçaient à tout espoir, une jeune éducatrice lui enseigna le langage des signes (en lui faisant palper ses mains, qu'elle ne pouvait pas voir). À la stupéfaction générale, Helen entra en communication avec le monde extérieur et, en quelques semaines, passa du stade de sauvageonne à celui de petite fille. Comme Helen Keller, qui a

1. Ce titre s'inspire de celui du film de Romain Carciofo, *Solutions d'espoir, un regard sur l'autisme en France*, *op. cit.*

témoigné de son vécu à l'âge adulte, les autistes sont soumis aux aléas d'un monde incohérent, imprévisible, hostile, et au déroulement irrationnel du temps et des activités. Ils sont incapables d'anticiper ce qui va advenir et sont empêchés de communiquer. Alors ils s'énervent.

La solution est-elle pour autant de les interner à l'hôpital psychiatrique, de les claquemurer en chambre d'isolement, ou de les garder à la maison au risque d'y perdre (au sens figuré comme au sens propre) sa propre vie ? Une alternative existe. Nous avons eu la chance de visiter le Centre pour adultes avec autisme en Poitou (CAAP), un lieu de vie unique en son genre, qui accueille et traite avec bienveillance les autistes lourdement atteints. Dès l'entrée, nous sommes stupéfaits. Le jardin est juste clos par la grille du parking. Derrière se dresse un petit bâtiment où nous trouvons l'accueil. Là, un homme maladroit vient nous planter sa main sous le nez pour serrer la nôtre : un jeune, verbal, souriant, qui met en œuvre les bons comportements sociaux qu'on lui a patiemment appris, comme saluer les visiteurs. Et de fait, jamais nous n'aurons été autant salués de notre vie que ce jour-là : les résidents, le personnel, tout le monde nous salue et, le temps passant, les résidents oubliant qu'ils nous ont déjà vus, ils reviennent nous serrer la main.

Ce grand jardin abrite quatre « maisons » que l'on nous invite à visiter. Chacune accueille six « usagers » (c'est ainsi que l'on nomme les résidents du centre), soit 24 personnes au total. Chaque maison dispose d'un vaste salon commun avec une cuisine américaine et de six chambres : pas des cellules, de véritables chambres avec des lits (solides pour éviter les dégradations), des chaises, une salle de bains particulière. Certains ont aménagé leur pièce personnelle avec quelques meubles. D'autres ont un environnement plus sommaire. Mais partout, on sent la vie.

Dans le salon, les usagers s'affairent. C'est l'heure de la lessive. L'un prend une panière et part en direction de la maison centrale pour y apporter le linge sale. Dans sa main, une petite fiche avec un pictogramme : s'il perd le fil, le personnel qu'il croise pourra le réorienter sur la tâche qu'il tente de mener à bien. En sens inverse, un de ses compagnons revient déjà avec du linge propre à étendre. Deux résidents s'affairent à plier le linge : trois tee-shirts au programme pour l'un, dix vêtements pour un autre, chacun selon ses capacités. Une cinquième personne, assise à la grande table, réalise un travail de tri, sous le regard bienveillant d'un éducateur qui, régulièrement, recentre son attention. Le dernier résident quitte la pièce pour participer à un atelier.

Dans une autre maison, nous tombons nez à nez avec… Acacio.

« Bonjour, Acacio. » La directrice adjointe lui tend la main, qu'il serre chaleureusement. Puis il se tourne vers nous, un peu surpris, et nous tapote l'épaule. Cela fait plus de sept ans que le miracle a eu lieu pour lui, lorsque la pression exercée par sa famille et ses amis ont permis de le sortir de l'hôpital psychiatrique et de lui trouver une place au CAAP. Un beau jour de mars 2007, et pour la dernière fois de sa vie, Acacio a été menotté. Cerné de quatre soignants, ligoté à son brancard, il a été transporté en ambulance depuis l'hôpital psychiatrique : 400 kilomètres sans bouger, sans pause, au point qu'il s'est uriné dessus. Quand les soignants l'ont sorti de l'ambulance, toujours attaché à son brancard – qu'ils ont fait tomber deux fois, avec Acacio dessus –, ils ont rencontré la stupeur de ceux qui les ont accueillis au CAAP.

– Détachez-le, s'il vous plaît.

– Il est violent, il est dangereux. On ne peut pas le lâcher ainsi, vous ne vous rendez pas compte. Montrez-nous sa chambre.

– Si, si, détachez-le.

Sitôt libéré, Acacio se lève et fait quelques pas maladroits.

– Bonjour, Acacio.

C'est la première fois depuis des années que quelqu'un lui serre la main. Déjà, une autre personne s'approche, lui serre la main et se présente. Acacio rit, emmenant son interlocuteur dans une exploration des lieux.

Bien sûr, les premiers temps de son séjour au Centre ont nécessité une lourde prise en charge de la part de l'équipe éducative. Il a fallu sevrer peu à peu Acacio de ses médicaments. Il a fallu tout lui réapprendre, même les gestes les plus simples : se mouvoir, se laver, manger avec des couverts. Peu à peu, il a reconquis son autonomie. Il a également réappris à se comporter avec les autres, ces autres dont il avait été si longtemps séparé, pas seulement par son handicap. Il a repris sa place parmi les humains. Aujourd'hui, il accueille sa famille avec des embrassades. Il participe aux activités, va à la piscine, se promène en calèche, fait de l'escalade et joue au golf. Il a une vie ! Il a retrouvé son humanité, sa dignité d'être humain.

Nous interrogeons Laurent Petit, le directeur du CAAP :

– Comment une telle métamorphose est-elle possible ?

– Ici, nous accueillons les exclus des exclus, les pires cas d'autisme, ceux dont personne ne veut plus. Ceux avec lesquels tout le monde pense que nous n'avons aucune chance de réussir. Acacio n'était pas l'usager le plus perturbé que nous ayons accueilli, et pourtant Dieu sait qu'il était en mauvais état quand il est arrivé. Certains patients arrivent dans une situation mentale et physique dramatique. Nous avons une approche particulière de notre métier : nous ne sommes pas là pour prendre en charge des patients, mais pour prendre en compte leur handicap et tenter de le compenser. Pas plus que les autres, nous ne comprenons l'autisme, nous ne savons ce qu'il y a dans la tête des autistes. Comme les autres, nous travaillons sur des paramètres inconnus. Mais cela ne nous empêche pas de chercher des solutions. Et nos usagers les plus atteints se transforment en quelques mois.

Même physiquement, cela se voit : ils se redressent, adoptent une démarche plus assurée.

– Est-ce à dire que vos résidents sont toujours calmes ?

– Oh, non ! Il y a des dérapages, des pétages de plombs, des accidents de parcours, comme partout. Entre les usagers qui s'en prennent à eux-mêmes et le personnel qui est parfois pris à partie, nous avons de temps en temps des blessures. Régulièrement même.

Il désigne sa jambe :

– Moi-même, j'ai récemment été mordu au mollet. Mais ce n'est pas parce qu'une personne avec autisme dérape de temps à autre qu'il faut l'abrutir de médicaments tout le temps et l'enfermer jusqu'à la fin de sa vie. Dans trop de centres, le personnel et la direction se contentent de jouer la carte de la tranquillité : ils font en sorte de préserver le calme. Ils font en sorte d'avoir la paix. Nous avons une autre approche. Nous ne laissons pas nos usagers s'enfoncer dans l'inactivité et la frustration. Au contraire, nous faisons en sorte de capter leur attention en les mobilisant par des activités. À part l'infirmière, nous ne sommes pas des soignants mais des éducateurs : nous sommes là pour leur apprendre les comportements qui permettent d'entrer en communication et de demander ce qu'ils souhaitent. Dès qu'un résident s'isole, dès qu'un autre commence à s'agiter, nous allons vers lui. Et puis, nous sommes à l'écoute : nous cherchons à décrypter les comportements de nos usagers, leurs gestes, leur langage non verbal pour tenter de les comprendre. Nous n'essayons pas d'adapter les autistes à notre monde, mais d'adapter le monde dans lequel ils vivent à leur handicap. En particulier, nous créons pour eux un environnement structuré, dans lequel tout est anticipé, sans ces imprévus qui déstabilisent tant les autistes. Nous sommes en permanence présents et attentifs et, quand un problème surgit, nous nous remontons les manches. Avec l'équipe, nous analysons ce qui s'est passé de façon que la situation ne se reproduise pas. C'est une mobilisation de tous les instants. Mais le résultat est là : nos usagers mènent une existence la plus normale possible.

Les autres pays occidentaux l'ont bien compris : ils font vivre les autistes au plus près de la société, dans la société même. Par exemple, en Suède, enfermer une personne sous prétexte qu'elle est handicapée, la couper de toute vie sociale, est considéré comme une maltraitance et une atteinte aux droits civiques. Alors, en 1995, la Suède a supprimé les institutions accueillant les personnes atteintes de handicap mental, intellectuel ou affectant les capacités de communication ou le comportement et les a remplacées par des petites maisons d'accueil et des appartements, chaque entité pouvant accueillir au maximum six personnes. Les résidents partagent leur vie entre un appartement privé et une grande pièce commune. Ils vivent dans la société, non loin de leur famille et entourés des personnes « ressources » nécessaires à leur quotidien. Ils sont soutenus par des assistants de vie, qui suppléent à leurs difficultés pour leur permettre de mener une vie la plus autonome possible :

se rendre au travail le matin (véritable emploi ou atelier « protégé »), rentrer à la maison, faire des courses, préparer ses repas, effectuer les tâches ménagères, sortir et avoir des loisirs… Cela coûte-t-il très cher ? Non, au contraire, car ce mode de prise en charge réduit la dépendance : 362,07 euros pour le prix de journée en 2014, contre 700 euros[1] en moyenne en hôpital psychiatrique en France. D'autres pays européens, mais aussi les États-Unis et le Québec, l'ont bien compris et ont, depuis longtemps, fait évoluer leur mode d'accueil des personnes avec autisme.

Sur ce point, la France a plusieurs décennies de retard : 90 % des adultes pris en charge sont relégués dans des structures inadaptées. Et des milliers d'autres vivent chez leurs parents, que les pouvoirs publics n'ont même pas pris la peine de dénombrer par le biais d'une étude épidémiologique. Alors les listes d'attente sont interminables : des années de patience pour les 250 postulants au CAAP. Il est temps de multiplier l'expérience menée à Poitiers. Il est temps de porter un regard neuf sur l'autisme, d'intégrer que les personnes avec autisme ne sont pas des fous, moins encore des malades. Les autistes n'ont pas besoin de soins ou d'une place en hôpital, mais d'une place dans notre société. « L'autisme en tant que tel ne vous prédestine pas à la déchéance[2]. »

1. Estimation faite par Autisme France et Autisme 87 en 2010 : 255 500 euros par an.

2. Schovanec J., *L'autisme ne vous destine pas à la déchéance*, Arte, 11 mars 2015.

2
HANDICAP MÉCONNU OU HANDICAP MAL VU ? LE SORT DES ADULTES AUTISTES AUTONOMES

Au premier coup d'œil, il semble n'avoir rien de commun avec Acacio. Josef Schovanec est un grand échalas à l'allure frêle, aux gestes maladroits, au ton de voix haut perché et monotone, au débit traînant, qui donne comme une impression d'accent, et au verbe brillamment ciselé. Josef est un autiste atteint par le syndrome d'Asperger : un « Aspi », comme ils se décrivent eux-mêmes. Un autiste, avec toute la difficulté que cela représente pour lui d'entrer en contact avec les autres, de déchiffrer les comportements, les expressions des visages et même les propos imagés, mais un homme érudit, diplômé de Sciences Po Paris et docteur en philosophie, un homme qui parle une dizaine de langues et manie autant la plume (il est l'auteur de plusieurs best-sellers) que l'humour. Enfant longtemps mutique, il a su lire et écrire avant de parler. Aujourd'hui, véritable star des colloques sur l'autisme, courtisé par les animateurs de télévision, il « traîne sa carcasse de ville en ville » – ce sont ses propos – pour défendre la cause des personnes avec autisme. Mais il est sans profession. Débordant d'activité, mais sans emploi, sans travail, sans salaire, quoi ! Contraint, de ce fait, de vivre chez papa et maman, malgré la trentaine passée : « J'habite chez mes parents. Ou plutôt, j'y suis de temps à autre, entre deux voyages, c'est-à-dire rarement. La question est plutôt : "Pourquoi je quitterais mes parents ?" Je n'ai pas de famille, et n'en aurai sans doute jamais. Et qui résoudrait les petits problèmes inévitables, de type panne d'électricité ? Enfin, avec quel argent louerais-je un appartement, surtout pour payer un logement vide à 95 % du temps ? »

Sans emploi, il ne l'a pas toujours été. Enfin… presque pas toujours. Son prestigieux diplôme de Sciences Po en poche, il a tenté, comme ses condisciples, de se faire recruter. Posté sur un site dédié, son CV déjà riche attirait trois ou quatre entreprises par semaine. Mais dès que son interlocuteur découvrait son handicap, l'intérêt s'éteignait. Ses condisciples étaient tous déjà en (haut) poste quand il se présentait encore, de plus en plus modestement, pour des stages. Un jour, il pénètre, stressé, dans le sacro-saint siège social d'une grande agence de publicité, où il espère obtenir un stage non rémunéré. Dès le début de l'entretien, son interlocuteur l'interroge à brûle-pourpoint sur la publicité. À peine a-t-il ouvert la bouche et prononcé trois mots que l'homme l'interrompt : « Si tous les candidats à un stage étaient comme vous, on ne prendrait pas de stagiaires. »

Que s'est-il passé ? Josef ne le sait pas : son attitude peut-être, son regard fuyant, son ton de voix si particulier, son débit qui donne la fausse impression d'une intense lenteur d'esprit, ou alors le fossé entre ses compétences universitaires et la modestie de son objectif, l'absence perceptible de motivation pour ce secteur ? À cette époque, le jeune homme va d'échec en échec. « Autant je peux baratiner sur des sujets plutôt abstraits, autant me vendre moi-même est autrement plus ardu. J'ai ainsi [...] échoué à tous mes entretiens d'embauche sans exception. [...] Lors d'un entretien, il y a en effet tout un rituel. Vous devez dire bonjour d'une certaine manière, serrer la main d'une certaine manière. Montrer que vous êtes la bonne personne qui convient pour le poste en question. Il ne faut pas vous sous-évaluer, vous dévaloriser. Il faut fixer la personne du regard. C'est tout un jeu de séduction qu'il faut mettre en place. Autrefois, j'avais tendance, par exemple, à regarder le sol, être assis d'une manière crispée. La mélodie de ma voix était encore plus monotone qu'aujourd'hui. L'échec ne pouvait qu'être au rendez-vous[1]. »

Durant son doctorat, Josef écrit quelques articles et traduit plusieurs ouvrages sur l'autisme et le syndrome d'Asperger. Pas de quoi gagner sa vie.

1. Schovanec J., *Je suis à l'Est !*, Plon, 2012.

Le temps passe. Il défend sa thèse à la prestigieuse École des hautes études en sciences sociales, mais n'ose plus postuler pour le moindre emploi : qui voudrait recruter un autiste titulaire d'une thèse sur les origines de la pensée de Heidegger ? pense-t-il. « Mon profil était devenu trop bizarre. Je crois avoir établi un record historique de non-insertion professionnelle pour un diplômé de Science Po Paris », souligne-t-il dans un éclat de rire.

Et puis, hasard des rencontres, Josef décroche un petit job à la mairie de Paris : il rédige des comptes rendus, des dossiers, des revues de presse ainsi que des discours. Le poste est taillé sur mesure : Josef travaille dans un petit bureau perdu au fond d'un couloir, lui-même englouti dans la grande bâtisse de l'Hôtel de Ville ; les échanges se font principalement par e-mail (il déteste le téléphone, qui nécessite une disponibilité et un répondant immédiats, deux domaines dans lesquels, du fait de son autisme, il est mal loti). Puis le changement d'équipe municipale en 2014 emporte son poste dans la fièvre du changement : « Les journaux ont publié la liste des nouveaux adjoints, liste sur laquelle Hamou Bouakkaz [mon chef] ne figurait pas. Chacun sait ce que cela signifie : fais tes cartons à la hâte et disparais. » Josef se retrouve sans emploi, à vivre de quelques traductions et des allocations pour personnes handicapées.

Idiots ou super-cerveaux ?

En passant d'Acacio à Josef, on l'aura compris, les autistes présentent des degrés d'intelligence, d'autonomie et de capacité à communiquer extrêmement variés. Il n'y a pas si longtemps, on pensait qu'ils souffraient tous, ou presque, d'un déficit intellectuel : on rapportait jusqu'à 70 %[1] de handicap mental (quotient intellectuel inférieur à 70). L'autiste était un idiot qui n'avait d'autre destin que d'être interné à vie. Puis on s'est rendu compte qu'on ne pouvait étalonner l'intelligence des autistes, qui fonctionne différemment de la nôtre, avec les tests standard d'efficience intellectuelle (le fameux test de QI), conçus par des neurotypiques pour des neurotypiques. Les personnes avec autisme les réussissaient mal, notamment parce qu'elles disposent d'un faible degré d'abstraction et d'imagination. D'ailleurs, elles ont tendance à prendre le langage au pied de la lettre : elles ne comprennent pas spontanément des expressions imagées comme « avoir un chat dans la gorge », « avoir un poil dans la main », « être en forme », « se faire un sang d'encre » ou « prendre ses jambes à son cou »... Elles perçoivent mal les allusions, les ellipses : un écriteau prévenant « Ne pas marcher sur la pelouse » indique-t-il d'éviter cette pelouse-ci, toutes les pelouses du lieu ou toutes les pelouses du monde ? Et que

1. Fombonne É., 2002, rapporté par Autisme France, *Le Livre blanc de l'autisme*, mai 2008.

dire du mystérieux «Interdit d'uriner sous peine d'amende» ?

Un enseignant s'est trouvé un jour fort dépourvu quand, ayant admonesté un élève (autiste) qui ne prenait jamais la parole en classe, celui-ci lui a fort justement répondu: «Mais, monsieur, le premier jour, vous avez dit qu'on ne doit pas parler en classe.»

Naoki Higashida raconte: «Des personnes avec autisme sont parfois incapables d'agir avant d'en avoir reçu la consigne orale. Moi, par exemple, alors qu'on m'apporte un verre de jus de fruits que j'ai demandé, je ne commence pas à boire avant que quelqu'un me dise: "À la tienne" ou bien "Vas-y, bois!"[1]» Mais ne pas saisir les allusions, les métaphores et les sous-entendus ne fait pas de vous un idiot.

De même qu'on ne classe plus les sourds dans la catégorie des «débiles profonds», on sait désormais que les personnes avec autisme présentent des degrés d'intelligence variés. Les données actuelles évoquent 33 %[2] seulement de handicap mental chez les personnes atteintes de TED ou «troubles envahissants du développement» (une expression qui inclut toutes les formes d'autisme). D'après une étude canadienne réalisée en 2006[3], en l'absence d'une prise en charge

1. Higashida N., *Sais-tu pourquoi je saute ?*, *op. cit.*

2. Baird *et al.*, 2000.

3. Motiwala S. S., Gupta S., Lilly M. B. *et al.*, «The Cost-effectiveness of expanding intensive behavioural intervention to all autistic children in Ontario», *Healthcare Policy*, 1 (2), 2006. Cité par Les avis du Conseil économique, social et environnemental, «Le coût économique et social de l'autisme», *op. cit.*

adaptée dans la petite enfance, la moitié des autistes deviennent des adultes dépendants, 25 % sont en mesure de mener une vie semi-autonome (avec une tutelle, un hébergement en foyer ou en appartement accompagné, éventuellement un emploi en milieu protégé, le soutien régulier d'un assistant à la vie sociale pour les démarches au quotidien). Les 25 % restant rassemblent les autistes et les « Aspis » capables de mener une existence « normale ».

Des chercheurs américains envisagent désormais l'autisme non comme une déficience, mais comme une forme différente d'intelligence : « Malgré leurs difficultés à interagir et à communiquer, malgré leurs comportements répétitifs, les autistes ne sont pas des versions défectueuses de monsieur et madame Tout-le-monde. Leur fonctionnement mental n'est pas déficient, mais différent. Et leur potentiel bien trop souvent inexploité », affirme Michelle Dawson, docteur *honoris causa* à l'université de Montréal et spécialiste mondialement reconnue de l'autisme[1]. Ce que confirme Jacques Constant, psychiatre : « L'autisme, on a longtemps cru que c'était une maladie. On s'est battu pendant longtemps pour savoir si c'était une maladie ou un handicap. On pense aujourd'hui que c'est une manière d'être[2]. » Pour ces partisans de la « neurodiversité absolue » – dont nous ne faisons pas partie, mais que nous entendons –, l'autisme

1. Verdo Y., « L'autisme, une autre forme d'intelligence ? », *Les Échos*, 6 octobre 2014.

2. Julienne M. et Blanchard M., *Autistes : une place parmi les autres ?*, 2014, diffusé sur Arte le 31 mars 2015.

constitue « non pas une maladie mentale, mais une autre forme de cognition humaine, une autre forme d'intelligence[1] ». Josef Schovanec évoque même une « culture différente[2] », comme l'est celle des sourds, une culture à préserver au même titre qu'une autre. Sans nul doute, si l'on savait communiquer avec Acacio, on découvrirait un monde intérieur fort riche.

En leur temps, déjà, Leo Kanner et Hans Asperger avaient décelé chez leurs patients des compétences cognitives particulières. Le grand public occidental a découvert l'existence des « autistes savants », pour beaucoup des Asperger (les spécialistes s'interrogent d'ailleurs sur la validité de la distinction entre autistes « de haut niveau » et Asperger), en regardant *Rain Man*, ce film dans lequel Dustin Hoffman incarne un autiste capable de dénombrer en une fraction de seconde les allumettes tombées sur le sol (ce qui n'est possible qu'au cinéma) et de multiplier de tête et sans délai des grands nombres (ce qui est réel chez certains autistes). Pour le Dr Darold Treffert, psychiatre spécialiste du syndrome savant, ces autistes savants sont plus nombreux qu'on ne le pense : une personne avec autisme sur dix[3] aurait une intelligence inhabituelle, dont les tests classiques ne peuvent rendre

1. Verdo Y., « L'autisme, une autre forme d'intelligence ? », *op. cit.*

2. *C à vous*, France 5, 19 mars 2015.

3. Treffert D. A., « The savant syndrome: an extraordinary condition. A synopsis: past, present, future », *Philosophical Transactions of the Royal Society Biological Sciences*, 2009, 364 (1522), p. 1351-1357.

compte[1], avec des capacités parfois exceptionnelles, et une cinquantaine de personnes dans le monde seraient des calculateurs spectaculaires ou auraient des capacités de mémorisation encyclopédique.

Parmi eux, l'écrivain britannique Daniel Tammet, atteint du syndrome d'Asperger, a provoqué l'émoi dans les médias, le 14 mars 2004, en récitant en public, et de mémoire, 22 514 décimales du nombre Pi. Il faut dire qu'il ne retient pas mécaniquement les nombres comme nous pourrions tenter de le faire pour les premières décimales, mais voit chacun avec une allure qui lui est propre, une couleur, une texture, qui, ensemble, forment bientôt un paysage familier à parcourir : le 1 « d'un blanc brillant et éclatant », le 5 comme « un coup de tonnerre ou le son des vagues qui se brisent sur les rochers », le 6 petit, le 9 immense comme un gratte-ciel (ce qui fait de New York une forêt de 9), le 37 « grumeleux comme du porridge », ou encore le 89 comme de « la neige qui tombe[2] ». À quelque temps de là, Daniel Tammet a stupéfié les téléspectateurs islandais en répondant de manière fluide à une interview après seulement une semaine d'apprentissage de la langue islandaise, exceptionnelle par sa complexité[3].

1. Mottron L., *L'Autisme : une autre intelligence*, Mardaga, 2004.

2. Tammet D., *Je suis né un jour bleu. À l'intérieur du cerveau extraordinaire d'un savant autiste*, Les Arènes, 2007.

3. Tammet D., *L'homme ordinateur*, (The Boy With The Amazing Brain), 48 min, 7 février 2007.

De son côté, l'artiste britannique Stephen Wiltshire, surnommé « la caméra vivante », peut, après quelques minutes de survol en hélicoptère, reproduire de mémoire, avec une similitude impressionnante, le panorama d'une ville entière, comme Rome ou New York. Naoki nous explique comment cela fonctionne : « La mémoire d'un autiste ne ressemble pas à un classeur avec des fiches numérotées où on retrouverait facilement le souvenir qu'on recherche. C'est plutôt une sorte de puzzle où il suffit qu'une pièce ait été insérée au mauvais endroit pour que le puzzle tout entier soit impossible à reconstituer[1]. » Si, pour certains, l'hyperperceptivité qui caractérise l'autisme engendre un chaos insurmontable, pour d'autres, elle devient un atout qui les rend capables de relever et d'ancrer dans leur mémoire une foultitude d'informations, de la plus anodine à la plus importante. Ce qui amène certains chercheurs à considérer le cerveau des autistes de haut niveau comme un « super-cerveau », un « cerveau hyperconnecté dont les fusibles cèdent plus rapidement que dans le nôtre[2] ».

On reconnaît désormais aux autistes des compétences intellectuelles spécifiques, comme de bonnes capacités visuo-spatiales et une excellente perception des détails. Pour expliquer ce phénomène, des chercheurs avancent l'hypothèse d'une « faiblesse de la cohérence centrale » : leur cerveau privilégierait

1. Higashida N., *Sais-tu pourquoi je saute ?*, *op. cit.*

2. « Au cœur du cerveau autiste », *36.9° Magazine Santé*, Radio Télévision Suisse, 15 septembre 2010.

les détails au détriment de la cohérence d'ensemble, d'où une moindre capacité à accéder au sens. Pour illustrer notre propos, observons ce dessin :

```
AAA        AAA
AAA        AAA
AAA        AAA
AAAAAAAAAAAAA
AAA        AAA
AAA        AAA
AAA        AAA
```

Les neurotypiques identifient d'abord la forme d'ensemble, la lettre H, puis constatent qu'elle est constituée de petits A. Les autistes, au contraire, perçoivent les A mais ne voient pas, ou plus difficilement, la lettre H. Cette difficulté à envisager l'essentiel quand, par ailleurs, ils sont assaillis par les détails, explique que les autistes peinent à se frayer sereinement un chemin dans des endroits animés, comme les gares, les aéroports, les centres commerciaux, les rues, où toutes les personnes, toutes les affiches, tous les objets attirent de manière égale leur attention ; une sorte d'hyper Times Square dans lequel ils ne parviennent plus à distinguer l'essentiel : la direction à suivre.

Pour le même motif, les autistes peinent à mentir. Dans son excellent roman *Le Bizarre Incident du chien pendant la nuit*, Mark Haddon nous explique pourquoi : « Ce matin, au petit-déjeuner, j'ai pris du Ready Brek et un milk-shake chaud à la framboise.

Mais si je dis qu'en réalité j'ai pris des Shreddies et une tasse de thé, je me mets à penser à des Coco-Pops, à de la limonade, à du porridge et à du Pepsi, et je pense que je n'ai pas pris mon petit-déjeuner en Égypte, et qu'il n'y avait pas de rhinocéros dans la pièce, que Père ne portait pas de scaphandre, et ainsi de suite. Rien que d'écrire ça, j'ai la tête qui tourne et j'ai peur, comme quand je me trouve au sommet d'un très grand immeuble et qu'il y a des milliers de maisons, de voitures et de gens au-dessous de moi, et qu'ils se bousculent tellement dans ma tête que j'ai peur d'oublier de me tenir bien droit et de m'accrocher à la rambarde, et alors je me dis que je vais tomber et me tuer[1]. » Dans son cas, comme chez la plupart des personnes avec autisme, dire la vérité est beaucoup plus aisé.

James Bond ou l'employé du mois ?

Les autistes et les Asperger ne sont pas tous des super-cerveaux, en tout cas pas des super-cerveaux universels : ainsi, Valentin Mérou, 22 ans, violoniste virtuose, peine à lacer ses chaussures, à peler une pomme, et il ne sait ni faire son lit ni cuire un œuf. Mais tous ont des spécificités de fonctionnement qui, combinées à l'intelligence, peuvent s'avérer précieuses dans le milieu professionnel : le perfectionnisme, la minutie, un haut niveau de concentration,

1. Haddon M., *Le Bizarre Incident du chien pendant la nuit*, NiL éditions, 2004.

de constance, même dans les tâches répétitives, la persévérance, l'assiduité, un puissant investissement dans le travail, l'intérêt pour des domaines hautement pointus, la capacité d'acquérir des compétences techniques, une excellente mémoire, une manière différente et souvent ingénieuse de chercher des solutions, mais aussi, une loyauté et, on l'a vu, un sens de l'honnêteté innés.

Le Mossad, l'agence de renseignements israélienne, l'a bien compris. Depuis 2012, il recrute régulièrement, pour son service de déchiffrage des images satellites, des volontaires atteints d'autisme. En effet, les personnes avec autisme ont une perception visuelle différente de celle des neurotypiques : elles analysent plus objectivement les images, sans les comparer virtuellement à l'image de la situation idéale qu'elles pensent devoir trouver, ce qui leur permet de travailler plus rapidement. En outre, elles demeurent longuement concentrées sur les images complexes qui leur sont soumises. Dans un pays où le service militaire et l'intégration au sein de l'armée sont nettement valorisés, ces recrutements sont accueillis avec bonheur par les familles concernées. Bien entendu, l'intégration de ces recrues nécessite quelques aménagements, notamment dans le fractionnement des attendus, mais aussi dans la formation à des tâches quotidiennes simples, comme prendre les transports en commun pour se rendre sur son lieu de travail. L'intérêt du Mossad et de l'armée israélienne n'étant certainement pas philanthropique, on imagine bien que des entreprises peuvent, elles aussi, trouver leur intérêt dans le recrutement à certains postes de personnes avec autisme. Quelques multinationales, dont Microsoft, l'ont compris et ont mis en place ou étudient des programmes d'insertion pour personnes atteintes d'autisme.

Précurseur en la matière, Dirk Rombaut a, en 2008, en Belgique, accepté le challenge de créer une entreprise, Passwerk, employant principalement des personnes atteintes de TSA (troubles du spectre autistique, un autre nom pour les TED, troubles envahissants du développement). Le cœur de métier de Passwerk consiste à tester le caractère opérant des différentes fonctionnalités de nouveaux logiciels, une tâche qui nécessite précision et concentration. L'entreprise, qui compte moins de 60 personnes, a ainsi recruté 50 salariés avec autisme. Elle fonctionne comme une coopérative à but social : les profits sont investis pour améliorer la qualité de vie des employés.

Qu'on ne s'y trompe pas : la sélection est sévère. Pour ces postes d'ingénieurs, Passwerk ne recrute que des personnes intelligentes et autonomes, ayant une bonne maîtrise de la langue anglaise et manifestant un intérêt marqué pour les technologies. Pour faciliter leur intégration dans l'entreprise et leur travail au quotidien, l'environnement est adapté (on étudie pour chacun la proximité qu'il peut supporter avec les autres au sein des bureaux paysagers). Les imprévus sont limités, comme le dit encore ici Naoki : « Je comprends bien qu'un programme n'est qu'un programme et qu'il n'est jamais définitif, mais je n'arrive pas à admettre qu'une activité, une fois fixée, ne se déroule pas exactement comme prévu. Je comprends aussi qu'on ne peut pas toujours éviter les changements, mais mon cerveau proteste de toutes ses forces : pas question, c'est inacceptable[1] ! » Des activités en commun, comme des ateliers de cuisine, permettent d'analyser le fonctionnement de chacun et créent une dynamique d'équipe. Enfin, des *job coaches*, tous psychologues ou assistants sociaux expérimentés dans le domaine de l'autisme, compensent par leur activité les limites des personnes avec autisme (déplacements, relations clientèle, par exemple). Passwerk, en pleine croissance sur son marché, partage désormais son expertise avec d'autres entreprises tentées par l'aventure : aux Pays-Bas, en Allemagne, au Canada… mais pas en France.

Car en France, et pas seulement, aussi intelligents et diplômés soient-ils, les autistes et les Asperger trouvent difficilement leur place en entreprise. Il faut accepter leur silence, leur côté solitaire. Ils ne se joindront pas à leurs collègues pour aller déjeuner et ne traîneront pas autour de la machine à café pour raconter leur dernier week-end. Dans une culture d'entreprise conviviale, ils passeront pour asociaux. Il faudra supporter leurs remarques parfois incongrues – voilà ce que c'est de toujours dire la vérité – et quelques bizarreries, comme ne pas

1. Higashida N., *Sais-tu pourquoi je saute ?*, *op. cit.*

comprendre l'implicite, ne pas savoir que, lorsqu'on est malade, on doit prévenir son employeur de son absence…

Souvent, l'annonce du handicap effraie la hiérarchie. Au Canada, l'histoire professionnelle de Michelle Dawson, aujourd'hui 54 ans, n'a pas bien commencé. Factrice, elle a commis l'imprudence de révéler sa pathologie à son employeur et s'est alors vue harcelée jusqu'à la démission. Bouleversée, elle est allée consulter un psychiatre au Centre d'excellence en autisme de l'université de Montréal, lequel… a proposé de l'embaucher. « J'ai tout de suite vu qu'elle retenait les informations […] qui pouvaient me servir. […] Elle m'a montré à quel point l'autisme, combiné à une intelligence extrême et à un intérêt pour la science, peut s'avérer une force dans un laboratoire de recherches. […] Sa clairvoyance sur les questions scientifiques est unique ; elle peut vous rapporter le contenu d'un article lu il y a deux ans avec une incroyable précision. Et traiter les miens de façon impitoyable[1]… »

Michelle Dawson travaille désormais avec sept autres autistes pour ce laboratoire. Évidemment mal à l'aise dans la communication et les interactions sociales, elle exerce ses activités chez elle et, avec ses collègues et la communauté scientifique, privilégie les échanges virtuels. Et de conclure : « Ce n'est ni l'intelligence ni les habiletés qui manquent aux autistes.

1. Mottron L., « Changer les perceptions : le pouvoir de l'autisme », *Nature*, 3 novembre 2011, *in* Pélouas A., « Autisme : changer le regard », *Le Monde, Science et Techno*, 16 décembre 2011.

Ce qui est rare, ce sont les opportunités qu'on leur donne d'avoir une bonne vie et un travail, d'être autonomes et responsables, de contribuer à la société, plutôt que de dresser sans cesse des obstacles devant eux[1]. »

Peu d'autistes ont la chance d'avoir un emploi. Beaucoup ont une vie professionnelle chaotique et hors norme. Éric Lucas, président d'Alliance Autisme, a commencé sa vie professionnelle comme dessinateur industriel dans un bureau d'études. Il s'est d'emblée fait remarquer par ses collègues, qui le surnommaient « Gaston » en raison de ses nombreuses gaffes. Ils avaient même accroché un poster du célèbre héros de bande dessinée à la porte de son bureau. Lui restait en dehors de ces moqueries plutôt amicales : « Ce n'était pas cher payé pour avoir ma tranquillité. » Il passait le plus clair de son temps à travailler enfermé dans son bureau. Mais, même si les Asperger sont capables d'une grande persévérance dans des activités répétitives, il a fini par quitter cet emploi, qu'il jugeait peu gratifiant. Joignant l'utile à l'agréable – c'est un collectionneur de disques vinyles –, il a commencé une carrière de disc-jockey : « C'était un métier idéal pour moi. Je restais dans mon coin sans me mêler aux autres. La musique, aussi bruyante soit-elle, ne me dérangeait pas, car j'étais le DJ, celui qui la maîtrise, qui la décide, celui qui crée la surprise. Dans la dernière boîte pour

1. Dawson M., *in* Pélouas A., « Autisme : changer le regard », *ibid.*

laquelle j'ai travaillé, je me suis bricolé un dispositif de verrous qui empêchait l'accès à mon poste. Avec la salle, j'ai initié un astucieux système de post-it qui permettait de communiquer avec moi sans me déranger. Parce qu'un autiste, c'est comme de la nitroglycérine : si on le bouscule, il explose. » Ses multiples précautions n'ont pas empêché les difficultés : « Je ne me mêlais pas au reste du personnel, car c'était trop prise de tête, si bien que l'on me jugeait souvent hautain. J'avais aussi de multiples démêlés avec mes patrons : je ne comprenais jamais les reproches qui m'étaient faits, je pensais toujours qu'ils me faisaient part de remarques générales et ne comprenais pas que cela m'était directement adressé. Un jour, j'ai même reçu une claque, je n'ai toujours pas compris pourquoi. J'ai vécu toutes ces années dans un monde parallèle, un rythme à moi. Puis un jour, je me suis enfui, je me suis envolé, j'ai quitté la France et je suis devenu nomade : un globe-trotter. »

Leur « bizarrerie » éloigne les autistes de l'emploi dès l'entretien d'embauche. Dans *Le Cerveau d'Hugo*[1], Sophie Révil met en scène un de ces ubuesques entretiens d'embauche :

– Monsieur, donc vous voudriez travailler dans une bibliothèque, c'est bien ça ?

Son honnêteté viscérale force Hugo à répondre :

– Non, pas spécialement. C'est mon père et ma mère qui pensent que c'est une bonne idée, parce que je vais trouver du travail et surtout gagner de l'argent.

1. Révil S., *Le Cerveau d'Hugo*, France 2, 2012.

– Oui, bien sûr, gagner de l'argent… Je suis à la recherche de quelqu'un pour faire du classement, trier, archiver. Vous en pensez quoi ?

– Je ne sais pas, ma passion dans la vie, c'est le piano.

Hugo monologue un temps sur le piano.

– Revenons aux archives. Est-ce que c'est un travail qui vous plairait ?

Hugo ne sait toujours pas mentir :

– Non, je ne crois pas trop que cela va me plaire, mais je veux bien essayer.

Hugo se lève alors que l'entretien vient de commencer.

– Bon, au revoir, monsieur.

Si les candidats taisent leur autisme, ils passeront pour des farfelus et ne franchiront pas le cap de l'entretien d'embauche. S'ils le révèlent, l'employeur s'imaginera que ce potentiel employé risque un jour de se mettre à hurler en réunion, de se balancer devant les clients ou de s'enfermer dans les toilettes pour se taper la tête contre les murs. Il confondra Acacio emmuré dans son asile et Josef Schovanec passionné par ses œuvres.

Un autisme, des autismes : la triade autistique

Tout semble séparer les deux hommes. Mais ils sont bien, tous les deux, porteurs de la même pathologie, dont ils présentent deux visages contrastés. Depuis les premières découvertes dans les années 1940, la connaissance de l'autisme a permis d'en déterminer les contours et d'en repérer les marques saillantes sous la forme de trois caractéristiques majeures, que l'on dénomme la « triade autistique ».

La première manifestation de cette triade autistique est, on l'aura compris, une difficulté à la socialisation. Très jeunes, les autistes se montrent solitaires, font peu de cas des autres et ne jouent pas avec les enfants de leur âge. Ce n'est pas qu'ils ne veulent pas entrer en contact avec les autres, c'est qu'ils ne le peuvent pas : ils en sont comme empêchés. Peut-être même n'ont-ils pas conscience de la présence de ces autres, dont, pour certains chercheurs, ils ne distingueraient ni les visages ni les voix. Plus tard, l'autiste adulte reste empêtré dans ce trouble de la socialisation. Il ignore comment réagir au quotidien : que dire quand on décroche un téléphone qui sonne ? À quelle distance se tenir d'un interlocuteur ? Que répondre à une personne qui, dans le huis clos d'un ascenseur, émet un commentaire sur la météo ? Comment indiquer sa destination à un chauffeur de taxi ? Comment saluer un voisin de palier ? Doit-on dire « Je suis honoré de vous rencontrer » ou « Ça gaze » ? Comment s'adresser à une personne que l'on rencontre pour la première fois ? « Vous aimez les cerises ? » ; « Êtes-vous déjà allé à l'hôpital intercommunal ? » ; « Quel est votre chiffre préféré ? » ; « Quelle est la marque de votre voiture ? » ; « Le toit de votre maison est-il en tuile ou en ardoise ? »

Dans leurs Mémoires respectifs, Daniel Tammet et Josef Schovanec narrent leurs mésaventures scolaires. Le premier raconte : « Il m'est difficile de savoir quand il faut répondre à des assertions qui ne sont pas exactement formulées comme des questions. [...] J'ai ainsi eu des problèmes en classe quand un professeur pensait que je ne répondais pas, alors qu'en fait je n'avais pas compris qu'on voulait que je donne une réponse. Par exemple, il dit "7 fois 9" en me regardant, et, bien sûr, je sais que la réponse est 63, mais je ne comprends pas qu'il faut la donner à haute voix. C'est seulement quand le professeur repose sa question de manière explicite, "Combien font 7 fois 9 ?", que je vais répondre[1]. » Le second rapporte qu'un jour, après avoir étudié un texte en français, le professeur a demandé leur avis aux élèves : ne comprenant pas que le commentaire devait porter sur le texte lui-même, Josef s'est empressé d'évaluer la qualité du cours et de la pédagogie de l'enseignant, suscitant sa stupéfaction, et son mécontentement.

L'autiste ne connaît pas les codes sociaux implicites, ces règles qui nous empêchent de crier dans la rue « Oh, un aveugle ! » ou encore « Oh, des juifs ! », mais qui nous font savoir comment demander une baguette au boulanger. Il donne même l'impression de ne pas être sensible, comme s'il demeurait imperméable à son entourage. Dans son film *C'est pas de chance, quoi !*[2], Hélène Médigue annonce à son frère

1. Tammet D., *Je suis né un jour bleu*, *op. cit.*

2. Médigue H., *C'est pas de chance, quoi !*, 28 Productions, 2012.

adulte le décès de leur grand-mère qu'il aime tendrement.

– Je n'ai pas une bonne nouvelle.

– Ah bon !

– En fait, mamie est partie hier, elle est décédée à l'hôpital.

– Ah, elle est morte. Ah, c'est pas de chance, bon.

– Non, c'est pas de chance.

– Elle est morte, elle avait 95 ans. Elle n'avait pas pu fêter son 96e anniversaire.

– Non…

– Elle est morte, quoi !

– C'est elle qui t'a offert ce pull rouge, non ? C'est mamie qui te l'avait offert ?

– Oui, oui. Le 15 janvier 1985, là-bas, chez elle, dans les Bouches-du-Rhône.

– Tu l'aimes bien ta grand-mère ?

– Hein ?

– Tu l'aimais beaucoup ta grand-mère ?

– Oui, c'est dommage. Elle est morte. Elle était bien, quoi.

Le ton semble indifférent, mais au milieu de la conversation, Vincent s'essuie le nez avec un mouchoir… De son côté, Gersende Perrin[1] évoque de manière douloureuse les éclats de rire nerveux de son fils, Louis, qu'elle a fini par comprendre comme la manifestation de la douleur. Car tous les témoignages le prouvent : les autistes ont des émotions, des

1. Perrin G. et F., *Louis, pas à pas*, JC Lattès, 2012.

sentiments. Ils sont tristes, joyeux, angoissés, paisibles… Mais ils ne connaissent pas la règle du « jeu social » qui nous permet de partager notre ressenti.

Pendant de ces difficultés de socialisation, la deuxième manifestation de la triade autistique est une entrave dans la capacité à communiquer. Du fait de mécanismes que l'on n'a pas encore décryptés, les autistes peinent à entrer dans le langage. Une partie d'entre eux n'accèdent jamais à la parole ou n'ont pas une bonne acquisition du langage verbal. « Les non-autistes peuvent sélectionner ce qu'ils veulent dire, en temps réel, pendant qu'ils discutent. Mais nous, les mots que nous voulons dire et ceux que nous pouvons dire ne concordent pas toujours. C'est pour ça que notre façon de parler peut paraître un peu bizarre, je suppose. Quand il y a un écart entre ce que je pense et ce que je dis, c'est parce que les mots qui sortent de ma bouche sont les seuls que je trouve à ce moment-là. […] Je n'arrive jamais à exprimer ce que je veux vraiment dire. C'est le contraire : des mots étranges, complètement incongrus, se mettent à fuser de ma bouche[1]. » Pour cet enfant qui ne parle pas, la découverte du clavier numérique a été une incroyable découverte. « Si on n'est pas capable de parler, il est impossible de partager ce qu'on sent et ce qu'on pense. C'est comme être une poupée qui passerait toute sa vie dans son coin, coupée des autres, sans rêve, sans espoir. Il m'a fallu longtemps, c'est vrai, avant de pouvoir enfin

1. Higashida N., *Sais-tu pourquoi je saute ?*, *op. cit.*

commencer à communiquer par écrit, mais dès le premier jour, quand ma mère a soutenu ma main pour m'aider à tracer les caractères, j'ai commencé à construire un nouveau rapport aux autres. » Encore lui est-il capable de communiquer par écrit, quand certains sont emmurés dans un silence absolu.

La communication non verbale (par les gestes et les expressions) n'est guère meilleure. Dès la petite enfance, les autistes se font remarquer par une incapacité à pointer du doigt ce qu'ils désirent, à regarder ce qu'on leur désigne. Leur vie durant, ils n'interprètent pas spontanément les attitudes, les mimiques, les expressions du visage, le langage du corps : il faut leur apprendre à distinguer une moue de colère d'un sourire de contentement. Cela tient notamment au fait qu'ils n'observent pas bien les visages. Des expériences menées aux États-Unis dans le suivi du regard, l'*eye-tracking*[1], viennent confirmer cette hypothèse. Sur un visage, les neurotypiques regardent d'abord les yeux, la zone qui reflète des émotions. Les personnes avec autisme regardent plutôt la bouche ou errent indifféremment sur les différentes parties du visage sans privilégier le regard, donc sans nécessairement rencontrer l'information essentielle sur l'état émotionnel de leur interlocuteur. « Moi, regarder dans les yeux quelqu'un à qui je parle, ça me donne la chair de poule, alors j'ai tendance à l'éviter. [...] Ce que nous

1. « Autisme : le regard ou l'*eye-tracking* révèle le degré de sociabilité », *Journal of the American Academy of Child and Adolescent Psychiatry*, 3 mars 2012, vol. 51.

“regardons”, c’est la voix qui nous parle. Les voix ne sont peut-être pas visibles, mais un autiste essaie d’écouter son interlocuteur avec tous ses organes sensoriels[1]. » Or « notre regard est un élément essentiel dans notre capacité à nous mettre en relation avec l’autre[2] ». Nous accordons une telle importance à la parole que nous en oublions à quel point les expressions du visage nous fournissent de l’information. On en veut pour preuve que, dans nos échanges virtuels, nous ressentons le besoin d’éclairer nos propos par les fameux smileys, figurant nos émotions. C’est un processus long et volontariste d’apprendre aux autistes à lire sur le visage d’autrui la joie, la colère, l’ennui, le chagrin. C’est un parcours du combattant que de leur faire comprendre des gestes anodins, comme un coup d’œil sur la montre (la personne s’impatiente), le bras levé d’un agent de la circulation (non, il ne cherche pas à répondre à une question)… et comment interpréter un soupir qui, selon son intensité, signifie l’ennui, le bien-être ou la colère ?

Après les difficultés dans la socialisation et la communication, dont on aura compris qu’elles sont liées, la triade, qui permet de caractériser l’autisme d’une personne, se rapporte à ses centres d’intérêt et ses activités. Chez tous les enfants et chez les adultes qui n’ont pas été « rééduqués », on observe des stéréotypies, c’est-à-dire des activités répétitives,

1. Higashida N., *Sais-tu pourquoi je saute ?*, *op. cit.*

2. Zilbovicius M., extrait des bonus *in* Robert S., *Le Mur, la psychanalyse à l’épreuve de l’autisme*, *op. cit.*

comme des balancements, des battements de mains, un goût immodéré pour les rotations (faire des cercles, regarder les objets tourner...) et les jeux de lumière. « Si les personnes avec autisme répètent certains gestes, ce n'est pas simplement parce qu'elles prennent du plaisir à ce qu'elles font. [...] Cette répétition n'est pas voulue, décidée par l'autiste. C'est plutôt comme si son cerveau ne cessait d'envoyer le même message, en boucle. Alors, à force de répéter la même action, il finit par se sentir vraiment bien, incroyablement apaisé. [...] Moi, mon cerveau me confie toujours de petites missions, que j'ai ou non envie de les accomplir. Et si je n'obéis pas, je dois combattre un sentiment de panique atroce. [...] En général, les personnes atteintes d'autisme adorent les répétitions. Si on me demande pourquoi, ma réponse serait celle-ci : "Quand tu es dans un endroit étrange et nouveau, est-ce que toi aussi tu n'es pas soulagé de croiser un visage amical et familier ?"[1] »

Cet intérêt pour les activités stéréotypées se traduit également par un goût immodéré pour la routine : les autistes aiment que le quotidien suive un enchaînement immuable. Ils aiment qu'on leur serve les mêmes repas, aux mêmes heures. Enfants, ils réclament la même histoire, la même chanson, la même émission à la télévision (pas une émission quotidienne, mais sempiternellement la même vidéo de la même émission diffusée un jour donné). Ils exigent de toujours passer par le même chemin. Adultes, ils

1. Higashida N., *Sais-tu pourquoi je saute ?*, *op. cit.*

détestent les changements, aussi infimes soient-ils, et les imprévus dans leur emploi du temps. Les routines les rassurent, les calment, leur donnent un sentiment d'apaisement, presque de satiété, alors que le moindre changement génère une profonde angoisse.

Pour la même raison, les autistes font ce que l'on appelle des « écholalies » : ils reproduisent la dernière phrase entendue, répondent à une question par sa répétition, ou répètent à l'envi des ritournelles de mots, des phrases entières souvent, même quand elles n'ont aucun rapport avec la situation du moment : « C'est un éléphant de pacotille » ; « Comment tu t'appelles ? » ; « Je suis le petit soleil dans la maison »… « On a beaucoup de mal à dialoguer, et j'aurai beau essayer, je n'arriverai jamais à parler aussi bien que vous. Il y a pourtant une grande exception : les mots et les expressions qu'on connaît bien. C'est super amusant de les répéter. Un peu comme de renvoyer sans arrêt une balle. Quand on me demande de prononcer un mot, ça m'ennuie. Et quand je répète les questions que je connais déjà, je joue avec le son et le rythme, et ça, j'adore[1] », explique Naoki Higashida.

Autre spécificité, les personnes avec autisme se passionnent dès leur plus jeune âge pour des sujets de prédilection : un personnage historique, une constellation, le jeu d'échecs, la météo, les chiffres, les résultats sportifs, l'histoire des chemins de fer ou encore les plans de transports en commun… Ils

1. Higashida N., *Sais-tu pourquoi je saute ?*, *ibid.*

deviennent alors capables de soutenir des heures de monologue, donnant force détails, jusqu'à lasser leur interlocuteur.

– Quand deux autistes Asperger se rencontrent, ça donne quoi ? demande Yann Barthès, du *Petit Journal* de Canal+, à Josef Schovanec.

– On parle du système digestif du tricératops, répond-il, pince-sans-rire[1].

Bien d'autres manifestations viennent parfois souligner l'autisme : une certaine raideur, une démarche singulière, une déambulation sur la pointe des pieds, une difficulté à trouver l'équilibre, des battements des mains « en ailes de papillon », des troubles de la motricité fine, une mauvaise coordination... Enfin, l'épilepsie accompagne l'autisme dans 5 à 40 % des cas[2].

Lève-toi et marche

L'interaction sociale, la communication et les intérêts et activités stéréotypées forment donc la triade autistique qui atteint tous les autistes, sans

1. Josef Schovanec, invité de l'émission *Le Petit Journal* de Canal+, le 25 avril 2014.

2. «Décrite depuis longtemps, l'association entre autisme et épilepsie est maintenant clairement établie. Chez les sujets autistes, la prévalence de l'épilepsie est évaluée, selon les études, entre 5 et 40 % [1]. Ces taux sont nettement supérieurs à ceux observés dans la population générale, qui sont proches de 0,5 à 1 % » : Amiet C., Gourfinkel-An I., Consoli A., Périsse D., Cohen D., « Épilepsie et autisme : une association complexe », Elsevier Masson, *Archives de Pédiatrie*, 2010, 17, p. 650-651.

toutefois définir un tableau unique de l'autisme, loin de là, tant les degrés d'atteinte et les manifestations varient : chaque sujet se montrera plus ou moins atteint sur tel ou tel point, depuis les symptômes légers jusqu'à une pathologie lourde. Comme le dit le Pr Thomas Bourgeron de l'Institut Pasteur : « Il n'y a pas un autisme, mais des autismes[1]. » Le Pr Jacques Forget, expert à l'université de Montréal, insiste : « Il y a autant d'autismes que d'autistes. C'est à se demander s'il s'agit d'un seul et même syndrome. » Et Hugo Horiot d'évoquer « une forme d'autisme par autiste ».

C'est ce qui explique la diversité des manifestations d'un individu à l'autre et le large spectre des « troubles envahissants du développement », du sauvage bourru qui s'est réfugié dans une maison isolée au fond de la forêt au handicapé sévère assisté pour tous les aspects de la vie quotidienne, sans parler du « savant fou » ou moins « fou » installé dans un laboratoire de recherches… Les plus lourdement atteints ont besoin d'être accompagnés – et non cantonnés dans des hôpitaux psychiatriques, on l'a vu. Les autres autistes ont besoin – et le droit – de mener une existence la plus normale possible, donc d'avoir un emploi.

Or 82,4 %[2] des adultes avec autisme déclarent ne pas travailler, et 65,1 %[3] d'entre eux ne reçoivent

1. Carciofo R., *Solutions d'espoir, un regard sur l'autisme en France*, *op. cit.*

2. Dossier de presse du Collectif Autisme, avril 2014.

3. *Ibid.*

pas, ou seulement de manière partielle, de salaire à même de couvrir leurs besoins vitaux. Le ministère du Travail va plus loin en annonçant que seules 1000 à 2000 personnes autistes ont un emploi en milieu ordinaire. La donnée ne tient sans doute pas compte des Asperger légers qui, d'ailleurs, s'ignorent souvent, mais correspond bien à notre réalité : dans les entreprises où nous travaillons, celles que nous fréquentons, dans les magasins où nous faisons nos achats, parmi les artisans auxquels nous faisons appel, rencontrons-nous souvent des autistes ?

Certains trouvent à occuper des « niches » d'activité : Josef Schovanec, Hugo Horiot et Daniel Tammet – ce dernier vit désormais à Paris – sont devenus écrivains. D'autres adaptent leur emploi. Magali Pignard, agrégée de physique, maman d'un enfant autiste et elle-même Asperger, a quitté le monde de l'enseignement après y avoir souffert huit années : « Enseigner en classe est une source de stress inouïe pour moi : avant chaque heure de cours, je dois exactement planifier chaque moment du cours, le vivre dans ma tête, comme si j'apprenais un rôle avant de rentrer en scène. Lorsque dans un cours quelque chose ne se passe pas comme je l'ai anticipé (et cela arrive très souvent, bien sûr), cela m'est très angoissant, je perds mes repères, n'arrive plus à me concentrer et mobilise toute mon énergie pour savoir comment répondre, quoi faire à tel moment, à qui donner de l'attention, etc.[1] » Quand, il y a quelques

1. *The Autist*, le blog de Magali Pignard, 12 janvier 2014.

années, elle s'est mise en disponibilité de l'Éducation nationale pour assurer l'accompagnement de son fils, elle a compris que ce métier ne lui convenait pas. Depuis, elle corrige à domicile des copies pour le Cned (Centre national d'études à distance).

Ces cas sont exceptionnels, et la plupart des autistes et Asperger en capacité de travailler sont cantonnés chez eux et dépendent des prestations sociales. Or, comme le dit avec justesse Martine Pinville, ancienne députée de la Charente, ancienne présidente du Comité national autisme : « Il n'est plus acceptable, dans nos sociétés, que la différence soit un motif de discrimination à l'emploi. En effet, ces comportements tendent à annihiler tous les efforts consentis durant l'enfance pour que la personne autiste puisse s'intégrer dans la société et devenir parfaitement autonome à l'âge adulte. [Nous devons nous battre] pour faire en sorte que les personnes autistes aient leur place dans le monde du travail[1]. »

La réalité est bien pire : il n'y a pas que dans le milieu professionnel que les personnes avec autisme ne sont pas intégrées, mais dans la société en général. Dans un monde d'hypercommunication, orchestré par Facebook et autres Twitter ou Snapchat, le moindre individu en mal de communication détonne ! Et les autistes, comme bien d'autres personnes handicapées, souffrent d'une mise à l'écart. Les voisins de Gérald s'en prennent

1. Dossier de presse du Collectif Autisme, avril 2014.

régulièrement à lui. Il vit au même endroit depuis des décennies. Sa sœur, Annie, leur a pourtant expliqué qu'il a un handicap. Rien n'y fait : ils l'évitent, le critiquent, voire l'injurient. Ils refusent notamment de comprendre que s'ils se garent devant la maison, Gérald a une crise de panique. Un jour, mésinterprétant un de ses gestes derrière la fenêtre, des voisines ont appelé la police. Habituellement, quand les deux femmes se rencontrent, elles s'embrassent. Comme ce jour-là elles ne le faisaient pas, Gérald a touché de son index sa joue gauche puis sa joue droite... en faisant passer son index sous le menton. Arrivés sur les lieux, les policiers l'ont sommé d'expliquer pourquoi il menaçait ses voisines d'égorgement. Une autre fois, il a été suspecté de vol et emmené au commissariat. Les policiers ont mené un interrogatoire musclé – on peut même dire qu'il a été tabassé – avant de l'orienter vers l'hôpital, parce que, écrivaient-ils dans le procès-verbal, il tenait des « propos incohérents ».

Valentin Mérou, notre musicien virtuose, explique : « Le plus gros effort que j'ai à faire, c'est pour me mettre dans le moule de la société, pour essayer de paraître moins différent aux yeux des autres. Ces efforts sont constants et épuisants[1]. » Trop souvent, nous interprétons comme de la mauvaise volonté ce qui est un handicap de naissance : un peu comme si nous accusions les aveugles de

1. Virot L., *À bout de bras*, Coloured Plates Production, 2012.

refuser de voir, les sourds de mal entendre ou les tétraplégiques de refuser de se lever.

La piste génétique

Or l'autisme est un handicap de naissance : une pathologie en partie génétique. On le sait désormais avec certitude. Comme il est très difficile de détecter l'autisme chez les nouveau-nés, il fallut attendre les années 1980 pour que les chercheurs confirment ce caractère inné de l'autisme : à l'époque, les psychiatres se demandaient s'il ne s'agissait pas d'une psychose générée par un problème relationnel avec les parents, dès la toute petite enfance. Mais en 1985, des chercheurs américains[1] portèrent leur attention sur des jumeaux, dont l'un au moins était diagnostiqué autiste : 23 « paires » de jumeaux monozygotes (des vrais jumeaux, au patrimoine génétique identique) et 17 « paires » de jumeaux dizygotes (des faux jumeaux, c'est-à-dire des frères et sœurs conçus et nés en même temps de deux œufs différents). Dans 22 cas sur 23, les vrais jumeaux étaient l'un et l'autre atteints d'autisme, alors que seuls 5 des 17 faux jumeaux d'un autiste étaient eux-mêmes autistes. La différence de résultat entre vrais et faux jumeaux ne pouvait s'expliquer que par une origine génétique de l'autisme : l'autisme était

1. Ritvo E. R., Freeman B. J., Mason-Brothers A., Mo A., Ritvo A. M., « Concordance for the syndrome of autism in 40 pairs of affected twins », *American Journal of Psychiatry*, 1985, n° 142, p. 74-77.

dans les gènes, que se partageaient entièrement les vrais jumeaux et partiellement les faux jumeaux. Les mêmes chercheurs découvrirent que 10 % des frères et sœurs de jumeaux autistes souffraient eux aussi de troubles envahissants du développement (les fameux TED, que d'autres dénomment TSA, trouble du syndrome autistique, sans qu'il soit nécessaire ici de s'arrêter sur la distinction, à notre niveau essentiellement sémantique). Bref, les recherches ont prouvé que plus des personnes sont proches génétiquement, plus le risque est grand, si l'une est touchée par l'autisme, que les autres le soient également : jumeaux monozygotes, frères et sœurs, mais aussi cousins et cousines… sans compter le nombre de parents pour qui l'annonce du diagnostic d'autisme de leur enfant vient subitement éclairer un mal-être social, une difficulté à communiquer (nous l'avons vu dans le cas de Magali Pignard) : une récente étude[1] a d'ailleurs révélé que les parents d'enfants atteints d'autisme ont une déficience sociale plus marquée que les parents d'enfants neurotypiques. La cause est entendue : la génétique est un facteur déterminant dans l'apparition de l'autisme.

De nos jours, 177 scientifiques à travers le monde sont organisés en un vaste réseau collaborant et partageant les avancées sur les causes génétiques de l'autisme. Ils ont ainsi mis au jour plus de 300

1. Lyall K. *et al.*, « Parental Social Responsiveness and Risk of Autism Spectrum Disorder in Offspring », *JAMA Psychiatry*, août 2014.

gènes impliqués dans la maturation cérébrale, susceptibles de perturber certains processus, comme la capacité d'adaptation à la nouveauté, l'apprentissage du langage, la régulation des émotions... Des mutations variées, sans doute présentes dans une partie de la population, mais dont la combinaison provoquerait l'autisme et expliquerait la variabilité de l'expression du désordre. Un peu comme chez le pâtissier qui, avec les mêmes ingrédients (farine, beurre, œufs, sucre, chocolat...), réalise une multitude de gâteaux et de biscuits au chocolat.

La piste génétique laisse déjà apparaître des zones à explorer : l'autisme touche différemment les populations du globe et concerne davantage les populations blanches que les populations noires et hispaniques[1]. Il touche plus inégalement encore les sexes, avec quatre à cinq fois plus d'autisme chez les garçons que chez les filles[2]. Enfin, des études sur l'âge des parents font apparaître que pour les pères de plus de 40 ans, le risque d'avoir un fils autiste est six fois plus important, le risque d'avoir une fille autiste dix-sept fois plus important que pour

1. Selon un rapport des centres fédéraux de contrôle et de prévention des maladies (CDC) aux États-Unis, en 2014.

2. « L'autisme est plus fréquent chez les garçons que chez les filles. Le sex-ratio moyen garçons : filles est de 4,2 : 1 », Fombonne E., « Epidemiology of pervasive developmental disorders », *Pediatric Research*, 2009, 65 (6), p. 591-598, cité par la Haute Autorité de santé, « Autisme et autres troubles envahissants du développement. État des connaissances hors mécanismes physiopathologiques, psychopathologiques et recherche fondamentale », Argumentaire, janvier 2010, p. 27.

les pères âgés seulement de 20 ans[1]. Des mutations génétiques spontanées (*de novo*) au moment de la conception seraient plus nombreuses en fonction de l'âge paternel : « Souvent la mère est montrée du doigt dans les couples ayant un enfant souffrant d'une pathologie d'ordre génétique, note le Pr Stanislas Lyonnet, chef du service de génétique à l'hôpital Necker-Enfants malades à Paris. Ce n'est pas juste. Aujourd'hui, il existe suffisamment de données pour dire aux hommes que, passé un certain âge, il n'est pas très raisonnable d'avoir des enfants, car le risque génétique est tout aussi accru pour eux[2]. »

Un raz-de-marée mondial

Rain Man a comme ouvert une nouvelle ère dans l'autisme. Alors que le mot était quasiment inconnu du grand public, voilà soudain qu'il court les rues, charriant son lot de stéréotypes. Julie, alias « Super Pépette » sur la Toile, jeune Aspi de 27 ans, le rapporte avec humour : « Aujourd'hui, je n'ose même plus dire aux gens que je suis autiste, parce que je suis tellement éloignée de leur conception de l'autisme que je vais avoir le droit au mieux à des réactions stupides, au pire à des réflexions

1. Une série d'études publiées le 5 avril 2012 sous l'égide de l'Institut national de la santé américain dans la revue *Nature*, rapportées par Martine Perez, « Maladies génétiques : le risque augmente avec l'âge du père », *Le Figaro*, 7 août 2012.

2. Perez M., « Maladies génétiques : le risque augmente avec l'âge du père », *ibid*.

blessantes. » Elle rapporte le « top 10 » des réactions les plus stupides : « Autiste ? Mais tu parles pourtant ! » ; « Trop cool, alors tu connais toutes les décimales de Pi ? » ; « Dans le fond, on est tous un peu autistes… » ; « Je crois surtout que tu te prends trop la tête, il faut que tu sortes et que tu voies du monde » ; « Non, mais attends, l'autisme, c'est un effet de mode, faut arrêter[1] ! »

De leur côté, les journalistes tentent d'expliquer les performances et les bizarreries de quelques grands hommes : le mathématicien russe Grigori Perelman, qui a résolu la conjecture de Poincaré mais a refusé la médaille Fields ; le champion du monde d'échecs Bobby Fischer, longtemps considéré comme un « gosse mal élevé », qui a brutalement disparu de la scène pour terminer sa vie dans l'isolement ; et tant d'autres. Ils s'interrogent pour certains sur le caractère de ces *geeks*, qui semblent plus à l'aise avec leur ordinateur qu'avec leurs congénères. Comme l'aurait dit Bill Gates : « L'informatique a été inventée par des autistes pour des autistes. » D'aucuns associent même le syndrome d'Asperger à de grands noms du passé, tels Michel-Ange, Isaac Newton, Gregor Mendel, Albert Einstein et, plus récemment, le pianiste Glenn Gould.

Las ! dans leurs cas, il est trop tard pour espérer un diagnostic. Mais comment savoir si notre collègue de travail, notre voisin de palier est un « ours mal

1. Marguerite J., « Bonus : top 10 des réactions les plus stupides face à une personne autiste », YouTube, 10 mai 2014.

léché» ou un véritable handicapé de la communication? Certes, l'autisme est rare, extrêmement rare: telle est notre conviction spontanée. Car, arpentant notre mémoire, la plupart d'entre nous n'avons pas souvenir d'avoir croisé un autiste dans notre vie. Peut-être en avons-nous simplement vu à la télévision. De ce constat, nous déduisons – hâtivement – que l'autisme est un handicap rarissime. Un peu comme si, sous prétexte que nous habitons loin du littoral, nous affirmions que la Terre comporte peu d'océans, quand les océans couvrent plus des deux tiers de notre planète.

Malheureusement, impossible de savoir exactement combien la France compte de personnes avec autisme. Impossible de mettre la main sur une seule étude épidémiologique dénombrant les personnes atteintes d'autisme dans notre pays. On trouve des études ailleurs dans le monde, aux États-Unis, au Canada, au Royaume-Uni, en Europe du Nord, en Europe du Sud, mais pas en France. «Il n'existe pratiquement aucune statistique sur l'évolution des diagnostics dans l'Hexagone, constate le Pr Thomas Bourgeron, de l'Institut Pasteur. Nous avons des années de retard en la matière[1].»

L'autisme n'est pas le seul handicap qui semble peu nous intéresser: en voulant comparer cette situation avec celle de la cécité, nous avons découvert que, là aussi, alors que nos voisins européens

1. Charles G., «Autisme: d'où vient l'épidémie?», www.lexpress.fr, 5 février 2009.

– anglais, allemands, italiens, danois, suédois… – tiennent des registres sérieux, depuis les années 1920 pour certains, nous ignorons combien la France compte d'aveugles : nous devons nous contenter d'approximations. Dans le domaine de l'autisme, pour dénombrer les personnes atteintes, nous en sommes réduits à des extrapolations (sérieuses) à partir des données recueillies dans d'autres pays et rapportées à la population de l'Hexagone. Bien sûr, la situation en France présente certainement des spécificités mais, comme les chiffres trouvés ailleurs concordent, dans les grandes tendances, il semble raisonnable de s'appuyer dessus pour évaluer la prévalence de l'autisme en France.

Le monde de la recherche s'accorde aujourd'hui sur une prévalence d'une personne autiste sur 100 à 150 dans les pays occidentaux[1], soit 67 millions de personnes avec autisme dans le monde, 450 000 à 650 000 en France. Pour donner un ordre de grandeur, il y aurait autant d'autistes en France que d'habitants à Lyon, la troisième ville française. Aux heures actives, nous nous entasserions avec deux autistes par wagon dans le métro parisien[2]. Il y aurait quatre à cinq fois plus d'autistes que de personnes touchées par une infection au VIH, cinquante fois plus que de personnes atteintes par la

1. Les dernières statistiques des centres fédéraux de contrôle et de prévention des maladies (CDC) aux États-Unis évoquent 1 enfant sur 45 en 2015, dépêche AFP du 13 novembre 2015.

2. Sur la base de 698 (confort) à 976 (charge « pleine nominale ») voyageurs par rame aux heures de pointe.

mucoviscidose. À quand un téléthon de l'autisme, quand on compte 2500 malades atteints de la myopathie de Duchenne[1] en France, pour 450000 à 650000 autistes ?

Ces chiffres considérables ne relèvent pourtant pas du fantasme. Ils sont largement admis par les plus hautes autorités françaises : le Comité consultatif national d'éthique[2], la Haute Autorité de santé[3], le Conseil économique, social et environnemental[4] et le ministère ou, suivant les époques, le secrétariat d'État en charge des personnes handicapées[5]. D'après l'équivalent américain de notre Institut de veille sanitaire, la prévalence aux États-Unis atteint

1. « Myopathie de Duchenne », avec la collaboration du Dr Gillian Butler-Browne, Institut de myologie, décembre 2012. http://www.inserm.fr/thematiques/genetique-genomique-et-bioinformatique/dossiers-d-information/myopathie-de-duchenne.

2. 350000 à 600000 pour le Comité consultatif national d'éthique pour les sciences de la vie et de la santé, avis n° 102, « Sur la situation en France des personnes, enfants et adultes, atteintes d'autisme », 2007.

3. Un enfant atteint d'un TED sur 150 enfants, d'après la Haute Autorité de santé, « Autisme et autres troubles envahissants du développement. État des connaissances hors mécanismes physiopathologiques, psychopathologiques et recherche fondamentale, Argumentaire », *op. cit.*

4. 250000 à 600000 selon Les avis du Conseil économique, social et environnemental, « Le coût économique et social de l'autisme », *op. cit*, p. 4.

5. « Mme Marie-Arlette Carlotti, ministre déléguée auprès de la ministre des Affaires sociales et de la Santé, chargée des personnes handicapées et de la lutte contre l'exclusion, évalue quant à elle dans un article paru le 18 juillet 2012 [http://sante.lefigaro.fr] à 600000 le nombre de personnes autistes, soit 1 personne sur 100 en France », cité par le dossier de presse d'Autisme France, 2 avril 2013.

désormais un enfant sur 68[1], raison pour laquelle l'autisme coûterait davantage, aux États-Unis, que les maladies cardiaques, les accidents vasculaires cérébraux (AVC) et le cancer cumulés[2]. Mais ces données restent méconnues du grand public français : 85 %[3] d'entre nous pensent que l'autisme concerne 5000 à 50000 personnes en France, soit 10 à 100 fois moins que la réalité.

Au-delà des 48500 adultes souffrant d'autisme pris en charge dans différents établissements (chapitre 1), des 1000 ou 2000 autistes travaillant en milieu ordinaire (chapitre 2) et des 100000 à 150000 jeunes pas encore adultes (voir chapitre 3), 300000 à 450000 adultes autistes sont donc exclus du monde du travail. Une honte pour notre société ! Combien se cachent parmi nous, victimes d'un handicap « transparent », pris en charge ailleurs, mais pas en France ?

1. Dr Thomas Insel, directeur de l'Institut américain de la santé mentale (NIMH), « Un enfant américain sur 68 est autiste, soit 30 % de plus qu'en 2012 », *Le Monde.fr* avec AFP, 27 mars 2014.

2. BUM, « L'autisme coûte des milliards annuellement », Canoë Infos, 10 juin 2014, http://fr.canoe.ca/sante/archives/2014/06/20140610-143926.html.

3. Selon un sondage OpinionWay, du 29 février au 2 mars 2012, pour le Collectif Autisme.

3

L'ÉCOLE DE LA RÉPUBLIQUE ? LES ENFANTS AUTISTES ET L'INSTITUTION SCOLAIRE

3 SEPTEMBRE 2014. LE BOULEVARD de la Croix-Rousse s'emplit d'adolescents. Les plus grands, les habitués, s'interpellent joyeusement, tandis que les plus jeunes cheminent timidement vers leur nouvel établissement scolaire. C'est la rentrée. Comme les autres, Timothée, 15 ans, marche vers le collège. Accompagné de sa mère, il se présente à la grille, quand le proviseur lui barre le passage :

– Vous êtes invités par l'inspecteur d'académie vendredi à 9 heures, affirme calmement ce dernier.

Maryna est au courant. On l'a prévenue que la rentrée de Tim n'allait pas être simple. C'est pourquoi elle a accompagné son fils qui, pourtant, connaît bien le chemin de l'école et aurait pu s'y rendre seul. Pendant que Tim tripote maladroitement la grille de l'établissement, comme pour tester sa résistance, Maryna rétorque :

– Vous le laissez entrer. Voici le papier qui conteste la décision, c'est suspensif.

Le proviseur reste impassible. Maryna insiste et rappelle alors que, dans la République française, les enfants de 6 à 16 ans sont soumis à l'obligation scolaire.

– Être scolarisé est un droit constitutionnel. Vous n'avez pas le droit de le refuser. Vous le laissez entrer. Vous pouvez, vous devez le faire.

Tim pose son visage contre la grille. Soudain, sa mère aperçoit une autre issue. Elle invite aussitôt Timothée à l'emprunter. Mais déjà, cette grille-là se ferme aussi et, pour qu'il n'y ait pas d'ambiguïté, on clôt l'issue d'une lourde chaîne avec cadenas. Maryna supplie :

– Laissez entrer mon fils, s'il vous plaît.

– Non, ce n'est pas possible.

– Vous n'avez pas à faire cela. Il est inscrit de manière régulière dans cet établissement. Vous n'allez pas le maltraiter en lui refusant l'accès au collège.

Las ! rien n'y fait : ni les suppliques, ni les rappels à la loi, ni le recours à un ton plus autoritaire, pas même les menaces :

– Vous savez ce que vous risquez ? Je vais de ce pas à la brigade des mineurs.

Tim ne fera pas sa rentrée ce jour-là. Ni le lendemain, ni les jours qui suivront.

– Bravo l'égalité, la fraternité, bravo la France ! lance Maryna, avant de tourner les talons et de rentrer chez elle, les larmes aux yeux, en compagnie de Timothée.

Timothée fréquente le collège de la Tourette à Lyon depuis trois ans. Une scolarité qui n'a, jusqu'ici, pas posé de problèmes particuliers : Timothée a certes du mal à suivre les enseignements, mais il est bien intégré dans sa classe et dans l'établissement. Les enseignants se montrent même encourageants sur son bulletin de fin d'année, l'invitant à poursuivre ses efforts : « Un élève motivé et appliqué... Une attitude très positive » ; « Timothée a fait de grands progrès dans la concentration » ; « L'attitude en cours est agréable et positive. Il faut continuer sans se décourager. » Et encore : « Timothée se sent bien en classe et au collège et a gagné en concentration. »

Mais voilà, un incident est survenu en fin d'année. Comme beaucoup d'enfants et de jeunes porteurs d'un handicap, Timothée est accompagné dans sa scolarité par une AVS (une auxiliaire de vie scolaire), chargée de l'aider tant dans ses études que dans sa socialisation. En juin, Timothée a dû faire face à un turnover d'AVS, une épreuve pour ce jeune qui, comme tous les autistes, ne déteste rien plus que le changement, l'imprévu, le manque de routine et de repères. Déstabilisé, le dernier jour de l'année scolaire, il a soudain agrippé et serré contre lui l'AVS du jour, se calmant aussitôt. Pas de violence, pas de mal, juste un geste inadapté à la suite duquel la MDPH (Maison départementale des personnes handicapées), chargée de demander l'intervention des AVS en milieu scolaire, a choisi de ne plus le faire pour Tim et a autoritairement opté en ce qui le concerne pour une orientation en IME : un institut médico-éducatif chargé d'accueillir les enfants avec handicap qui ne peuvent suivre une scolarité classique. Une orientation que Maryna conteste, comme c'est son droit. Mais en l'absence d'AVS, le collège refuse d'accueillir Timothée.

La bataille pour l'école

Maryna s'est battue sans relâche, avec l'énergie du désespoir, pour que son fils retourne à l'école. Leur histoire est si terrible qu'elle a été évoquée par Magali Pignard, porte-parole d'Alliance Autiste, à la tribune des Nations unies, le 15 avril 2015. Car « vouloir scolariser son enfant autiste à l'école de la République en France, c'est un peu comme vouloir scolariser son enfant noir en Afrique du Sud dans une école de Blancs durant l'apartheid. Tim n'est pas noir. Tim est autiste. Est-ce moins grave d'être rejeté en raison de son état neurologique qu'en raison d'une couleur de peau ? C'est tout aussi grave[1] ».

Maryna n'est pas la seule à se battre. Chaque année, ils sont des centaines, des milliers de parents à se mobiliser pour que leurs enfants autistes trouvent, retrouvent ou conservent leur place à l'école. La Toile bruisse de témoignages, toujours les mêmes : « Mon fils est autiste, on a tenté de m'imposer un placement en hôpital de jour, je me

1. Pignard M., « Un adolescent privé de scolarisation à cause de sa couleur de peau. Lettre ouverte au tissu associatif français », *The Autist*, le blog de Magali Pignard, 16 mars 2015.

suis battue pour qu'il reste à l'école, heureusement, car, aujourd'hui, il sait lire, écrire et compter et va passer dans la classe supérieure. » En France, le Conseil de l'Europe le confirme, 20 %[1] seulement des enfants autistes sont scolarisés en milieu ordinaire ; 80 000 enfants atteints de troubles autistiques et en âge d'être scolarisés sont donc privés du droit fondamental de recevoir une éducation. Parmi eux, d'après le ministère de l'Éducation nationale, 37 000 se trouvent en institut médico-éducatif (IME) ou en hôpital de jour, qui ne sont pas des lieux de scolarité.

Pourtant, la scolarisation des enfants est obligatoire – légale depuis la loi Chossy de 2005 – quelle que soit leur situation, de l'âge de 6 ans à 16 ans. Pour tous les enfants, l'enjeu, de taille, est le même : apprendre à lire, écrire et compter, puis, poussant les apprentissages au fil des ans, acquérir une structure d'esprit, des compétences et une culture permettant un jour de bénéficier d'une formation professionnelle ou de suivre des études pour se forger un avenir. Le sort des enfants avec autisme n'est pas différent. Pour eux, comme pour les autres, « ce qui compte, c'est la préparation à un après[2] », clame Jean-Claude Ameisen, médecin et chercheur, président du Comité consultatif national d'éthique, qui ajoute :

1. Conseil de l'Europe, Résolution CM/ResChS(2014)2, Action européenne des handicapés (AEH) c. France, Réclamation n° 81/2012, adoptée par le Comité des ministres le 5 février 2014.

2. Ameisen J.-C., colloque « Autisme et TED : la scolarisation dans tous ses états… », les 28 et 29 mai 2010 à l'université de Paris-Descartes.

« Tout enfant à qui l'on ne donne pas une éducation sera un enfant à problèmes[1]. » De fait, empêcher l'accès de l'enfant à l'école, c'est lui promettre dès l'enfance une existence de marginal ou une vie en institution. Aucun parent ne peut s'y résoudre. D'après le Conseil d'État, c'est « une atteinte grave et manifestement illégale à une liberté fondamentale ». Pourtant, la situation perdure.

Camille de Peretti, auteure et romancière, affirme : « Ne pas éduquer son enfant, c'est comme ne pas lui donner à manger. C'est primordial, ça change tout de les mettre à l'école[2]. » Les parents de jeunes autistes ont donc toutes les raisons du monde de vouloir que leurs enfants aillent à l'école. Ils ont même une raison supplémentaire de réclamer avec force l'intégration de leurs enfants en milieu scolaire ordinaire. En effet, pour acquérir une certaine autonomie dans leur vie d'adulte et s'insérer au mieux dans la société, ces jeunes ont besoin d'en apprendre les codes : comment saluer, demander, remercier, communiquer, savoir prendre la parole, la céder, comprendre les gestes et les mimiques de son interlocuteur… Pour cela, ils ont besoin non qu'on les écarte, qu'on les parque – déjà ? – hors de la société, mais au contraire qu'on les y intègre, qu'on les fasse vivre parmi les neurotypiques. Quel rapport aux autres les autistes vont-ils apprendre s'ils ne vivent

1. Ameisen J.-C., colloque « Autisme et TED : la scolarisation dans tous ses états… », *ibid*.

2. Camille de Peretti, dans l'émission *Il n'y en a pas deux comme elle*, Europe 1, le 2 avril 2015.

qu'avec des enfants porteurs d'un handicap, eux qui, par-dessus tout, ont besoin d'apprendre les relations sociales et les stratégies de communication ?

Selon le ministère de l'Éducation nationale, 26 000 enfants souffrant de troubles envahissants du développement seulement seraient scolarisés en milieu ordinaire. La progression est rapide, puisque leur nombre aurait augmenté de 30 % en quatre ans[1]. Mais en proportion, le nombre demeure faible : 26 000 sur 150 000 enfants et jeunes atteints d'autisme, cela ne fait que 17,3 %. Encore beaucoup ne fréquentent-ils l'institution scolaire qu'à temps partiel : tant parce que leurs capacités ne leur permettent pas de longues journées d'école que parce que leur attitude « risque de perturber la classe ».

Certains fréquentent des classes spécialisées en milieu scolaire ordinaire. Sandra, dont les deux fils, Samy et Eddy, sont autistes, s'est battue pour trouver une solution pour chacun d'eux. Elle a fini par trouver une place dans la classe Soleil de l'école Saint-Dominique pour son plus jeune, Samy, qui avait alors 4 ans : une classe de maternelle qui rassemble six enfants autistes dans une école primaire pour neurotypiques. Lors de son intégration, Samy ne parlait pas, il ne mangeait que des petits pots pour bébés (les autistes détestent qu'on leur change leurs habitudes, ce qui pose des problèmes au moment de la diversification alimentaire) et il n'était

1. Najat Vallaud-Belkacem, « Journée mondiale de l'autisme : une école plus inclusive », communiqué de presse du 2 avril 2015.

pas propre. Quelques semaines après son entrée dans la classe, il a commencé à parler. Dans les mois qui ont suivi, il s'est mis à manger de presque tout et est devenu propre. Les fondateurs de la classe Soleil, seule classe « à part » dans cette école maternelle et élémentaire de Neuilly-sur-Seine, se sont lancé comme défi de préparer tous leurs élèves à intégrer le cours préparatoire : un CP ordinaire. Objectif atteint pour Samy qui, à l'âge de 7 ans, avec seulement une année de retard sur ses petits camarades, a fait avec succès son entrée au CP.

Une autre mère témoigne. « Une chose est certaine : nous avons beaucoup de chance, dans notre malchance, si l'on peut dire. Titan est ce qu'on appelle un autiste de haut niveau : il a conservé un quotient intellectuel normal ou voisin de la normale. [...] Les passations de tests ont un seul but, clair et précis : vendre notre enfant, avec certificat de qualité et autres garanties, un petit peu comme on se vend, lors d'un entretien d'embauche. L'expression est crue, et me donne presque la nausée, mais elle est juste. Je dois démontrer – preuves écrites à l'appui – que mon petit garçon mérite de recevoir un enseignement, au même titre que les enfants ordinaires, parce que, malgré son handicap, il a les moyens d'apprendre et de progresser... En résumé, il me faut convaincre l'Éducation nationale – l'État, donc – qu'elle ne sera pas trop perdante en investissant de l'argent dans la scolarité de notre enfant. Je rentre en toute conscience, et remplie de dégoût, dans le jeu de notre société capitaliste, et dans un système de valeurs assez abjectes parce que orientées vers un seul but : l'argent. Titan a un bon potentiel. Nous pouvons donc jouer cet atout-là pour lui permettre de s'intégrer (plus ou moins) parmi ses congénères. Mais les autres enfants, ceux qui n'ont pas ces capacités-là pour compenser – un peu – leur handicap ? [...] Je connais une autre petite fille touchée par le syndrome de Rett[1], qui vient d'apprendre qu'elle ne bénéficiera plus, l'an prochain, de l'aide de son AVS. Tout simplement parce que le trouble dont elle est atteinte entraîne presque toujours une régression rapide et sévère des capacités intellectuelles et motrices de l'enfant. Son pronostic d'évolution est sombre... N'est-ce pas une raison supplémentaire pour permettre à cette petite princesse de profiter du présent, entourée de camarades du même âge[2] ? »

Près de la moitié[3] des départements français ne disposent d'aucune structure d'accueil spécifique pour les enfants souffrant de troubles envahissants du développement. De rares élèves sont alors inclus dans les classes ordinaires. La plupart fréquentent des Clis (classes pour l'inclusion scolaire), devenues des Ulis-écoles (unités localisées pour l'inclusion scolaire) depuis la rentrée 2015, où ils se trouvent

1. Une forme d'autisme qui touche exclusivement les filles et se traduit par une forte régression des capacités acquises dans un premier temps.

2. Extraits de Legendre N., *Autisme, hyperactivité, précocité. Tranche de vie d'une maman optimiste...*, Jérôme Do Bentzinger, 2006.

3. Baligand N., « Intégration scolaire et partenariat », http://scolaritepartenariat.chez-alice.fr/page112.htm.

mêlés à d'autres enfants souffrant de pathologies diverses.

Le temps de l'errance

Dès l'entrée en petite section, Christelle et son mari attirent l'attention de l'institutrice sur les difficultés d'Hugo. À l'époque, ils ne disposent encore d'aucun diagnostic, mais ils ont bien conscience du retard de leur fils. L'institutrice comme la psychologue scolaire les rassurent : Hugo n'a pas de problème, il est bien intégré, « il a sa place à l'école et dans sa classe ». Quand Hugo a 4 ans, ses parents obtiennent un véritable bilan à l'hôpital Robert-Debré et le diagnostic tombe : autisme ! Et là, mal leur en prend, ils préviennent l'école. En quelques mois, le discours et l'attitude du corps enseignant changent radicalement : impossible pour l'école de le garder, il n'a aucune chance de progresser, le système scolaire ne peut plus le prendre « en charge ». Les parents bataillent pour qu'Hugo continue de fréquenter l'école à mi-temps, il fait une moyenne section puis une grande section sous une avalanche de reproches, et le couperet tombe enfin : il n'a pas le niveau pour entrer en CP. Qu'à cela ne tienne, les parents d'Hugo proposent de lui faire redoubler sa dernière année de maternelle. L'établissement refuse, peut-être parce qu'un redoublement n'est pas rentable pour l'Éducation nationale, sûrement parce qu'ils voudraient bien se débarrasser de cet élève.

« De toute façon, sa place est en hôpital psychiatrique », lance l'institutrice.

Hugo aura finalement de la chance : ses parents trouvent une autre école, dans une autre ville, avec une institutrice ouverte, qui accepte de l'accueillir. Il refait une année de maternelle, puis entre sans difficulté en CP, pour continuer sa scolarité en CE1 puis en CE2.

Comme Hugo, des milliers d'enfants avec autisme sont bannis de l'école. Un enfant recroquevillé dans son coin, qui ne répond pas à l'appel de son prénom, un autre qui se met en boule sous la table ou refuse de participer aux activités, et les parents se voient rapidement convoqués. Non formés à l'autisme, enseignants et directeurs d'établissement se montrent désemparés et poussent les enfants hors du système scolaire : « Nous ne sommes pas des enseignants spécialisés » ; « Cet enfant n'a pas sa place à l'école, il serait mieux en milieu spécialisé » ; « Il y a des établissements pour ce genre d'enfants » ; « Il n'a pas les capacités pour rester dans cette classe » ; « Vous lui donnez de faux espoirs, il n'aura jamais le niveau »… dira-t-on aux parents, sans comprendre l'enjeu dans leur insistance. Selon une étude réalisée en 2011, 83 %[1] des enseignants s'accordent sur le fait que l'Éducation nationale a obligation de scolariser les enfants autistes, mais ils ne semblent pas en vouloir dans leurs classes. Certes, ces enseignants font

1. Sondage OpinionWay pour le Collectif Autisme, « Connaissance et perception de l'autisme : étude miroir auprès des Français et des enseignants », 17 mars 2011.

face à une véritable crise du système éducatif français. Mais depuis quand résout-on les problèmes en excluant les plus fragiles ?

Mais nombre d'élèves n'accèdent même jamais au système scolaire : l'annonce de la pathologie refroidit les équipes éducatives. À la rentrée 2014, des enfants avec autisme se sont vu refuser l'accès au collège ou au lycée au motif d'un manque de place. A-t-on jamais utilisé ce prétexte pour ne pas accueillir un enfant neurotypique ?

La scolarisation à temps partiel, la non-scolarisation ou, souvent, la déscolarisation, dès l'école maternelle ou plus tard, laissent en France de nombreuses familles dans l'errance. Que faire d'un enfant en âge d'aller à l'école si celle-ci ne le prend pas ? Un terrible engrenage se met en place : l'un des deux parents, généralement la mère, quitte son emploi, « le temps de trouver une solution », un temps qui s'éternise pour devenir définitif. Une étude anglo-saxonne a montré que les mères des enfants atteints de TSA gagnent en moyenne 56 %[1] de moins que les mères d'enfants neurotypiques. Au surcroît de charge engendré par la présence d'un enfant handicapé s'ajoute alors une baisse de revenus. À son corps défendant, ce parent quitte la catégorie des actifs, qui financent les charges sociales, pour entrer dans celle des bénéficiaires d'allocations.

1. Mandell *et al.*, à partir des données de l'enquête Medical Expenditure Panel, 2002-2007.

Les parents errent alors à la recherche de solutions de repli. S'ils en ont les moyens, ils peuvent se tourner vers l'enseignement privé. Des parents témoignent :

« Dans l'école d'Alex, une école privée, les institutrices ont toutes été merveilleuses. Elles ont bien compris qu'avoir Alex dans leur classe était une opportunité : Alex était un moteur dans leur quotidien, une motivation supplémentaire pour renouveler leur enseignement. Et quelle joie pour elles de constater ses progrès ! Il est presque devenu l'égérie de l'école et les deux institutrices de CM2 le réclament déjà pour l'an prochain. »

« Dès la rentrée, l'institutrice de maternelle m'a alertée sur le retard de Camille : elle ne faisait pas attention aux autres enfants, ne répondait pas à l'appel de son prénom et manifestait une grande confusion face à toutes les activités. J'ai alors trouvé une petite structure Montessori pour lui faire faire la maternelle à son rythme. Pour son entrée au CP, j'ai fait le tour des écoles privées de mon secteur, jusqu'à trouver le bon établissement. Une directrice compréhensive, une institutrice dévouée ont accueilli Camille comme elle était, sans la certitude qu'elle soit un jour capable de lire et d'écrire, mais dans l'idée qu'au moins elle serait heureuse à l'école et progresserait autant que possible. Le résultat a été stupéfiant : à force d'encouragements, d'attentions, d'aides en tout genre, Camille a fait son primaire pas à pas, est entrée au collège puis au lycée où elle suit une formation professionnelle. Mon objectif pour elle est atteint : elle aura un métier, elle sera autonome. »

Pour ceux qui n'ont pas la chance de trouver une école privée accueillante, et pour tous ceux qui n'en ont pas les moyens, il faut bricoler. Certains parents, à condition d'avoir les ressources humaines, culturelles, pédagogiques et intellectuelles de se substituer aux instituteurs, font la classe à leurs enfants. « Je suis maman, pas enseignante », rappelle Christelle. « Quand Hugo a commencé à décrocher en CE2, j'ai arrêté mon travail et j'ai pris le temps de revoir avec lui toute la partie du programme qu'il n'avait pas assimilée. Au bout de quelques mois, parvenant à suivre tant bien que mal la classe. Puis il a perdu pied en CM1 et plus encore en CM2, moyennant quoi il n'a pas réellement pu intégrer le collège. Il s'y rend quelques heures par semaine, mais c'est moi qui travaille avec lui tout ce qu'il a besoin de savoir : lire et comprendre ce qu'il lit, manier les opérations et les chiffres... Il a maintenant 12 ans. Avec mon mari, nous nous disons parfois que nous devrions acheter un commerce et, quand Hugo aura l'âge requis, nous lui apprendrions nous-mêmes un métier pour qu'il aille vers l'autonomie. »

D'autres parents se tournent vers le Cned, un organisme public – celui-là même où travaille Magali Pignard – qui gère l'enseignement à distance des élèves de tous âges... mais ne propose aucune solution de socialisation à des enfants qui se retrouvent scolarisés à la maison. Des parents entreprenants s'allient dans des associations et, comme Coluche prenant en charge sur le plan alimentaire ceux que l'État oubliait, ils créent des structures éducatives pour enfants avec autisme. Ainsi, en mars 2015, une école, Les Enfants de TSA, ouvrait à Castanet, en Haute-Garonne. « L'école de la commune où nous habitions n'acceptait pas bien mon fils[1] », clame la maman de l'un des élèves de cette nouvelle structure, qui accueille déjà 14 enfants et adolescents. Agir et vivre l'autisme, association fondée en 2004, a obtenu l'agrément et le financement pour créer cinq établissements pilotes en région parisienne, à Angoulême et à Marseille : ensemble, ces établissements accueillent 70 enfants. Un miracle pour les familles, une goutte d'eau au niveau des besoins nationaux. C'est chez eux que Sandra a finalement trouvé une place pour son fils aîné, Eddy, le grand frère de Samy. Jusqu'à ses 14 ans, il bénéficiera, dans cette école à petit effectif, d'un programme orthophonique et psychomoteur, d'un projet évolutif destiné à ouvrir ses capacités, tandis que sa mère bénéficie d'une aide parentale de façon à poursuivre à la maison le travail effectué à l'école. Parce qu'il a été pris en charge à un âge plus avancé (6 ans) que son cadet (4 ans), son évolution est moins rapide et il ne parle pas encore, mais il sait déjà communiquer par un système d'échange d'images.

1. Colin B., « Haute-Garonne : le cri du cœur des parents d'enfants autistes », *20 Minutes*, 1er avril 2015.

Loin de l'école

Pour un certain nombre d'enfants avec autisme exclus du système scolaire ordinaire, la solution se trouve dans les IME. Une solution très paradoxale. D'un côté, des milliers de parents ne trouvent pas d'établissement pour leur enfant, qui végète à la maison, et désespèrent de se voir attribuer une place dans ces structures. De l'autre, d'autres se refusent à cette orientation (pas toujours assortie d'une place réelle) dans ces établissements qu'ils jugent inadaptés pour leurs enfants, notamment quand ils y perdent de précieuses années sans scolarisation ou avec une scolarisation à la marge. Les meilleurs sortent avec un niveau d'élève de primaire, capable de lire, écrire et compter, guère plus. Les parents de Nicolas racontent : « À l'IME, Nicolas était suivi par plusieurs éducateurs spécialisés et par un instituteur de l'Éducation nationale. Il apprenait à lire, à écrire et à compter, guère plus. Plusieurs fois, nous avons discuté avec son instituteur et lui avons fait part de notre souci quant à son niveau scolaire. La réponse était toujours la même :

– Il ne faut pas le mettre en échec, lui en demander trop et le confronter à ses limites. Cela peut être très traumatisant pour lui. Je préfère attendre qu'il réclame davantage pour avancer avec lui.

– Mais Nicolas est un adolescent. Comme la plupart des ados, il faudrait le pousser pour qu'il travaille.

– C'est justement ce que je veux éviter dans son cas. Il a bien assez à faire avec son handicap pour qu'on ne charge pas la barque.

– Mais vous-même, pour en arriver là où vous en êtes aujourd'hui, je suis certain que vos parents vous ont un peu secoué. Si on ne bousculait pas un minimum les adolescents, la plupart ne feraient rien à l'école.

Sans vouloir faire de notre fils une bête de concours, nous étions intimement persuadés qu'il pouvait aller plus loin que la perspective offerte par l'IME. Bien nous en a pris. Nous avons discrètement envoyé Nicolas chez un psychopédagogue qui l'a fait travailler et nous avons pris le relais à la maison. Puis, à force de remuer ciel et terre, et à la grande surprise de l'IME, nous lui avons trouvé une place dans un lycée d'enseignement professionnel adapté, dans une classe de Segpa (section d'enseignement général et professionnel adapté) où, en deux années, Nicolas a décroché un CAP espaces verts. Il travaille désormais comme jardinier municipal. Quel autre avenir que la dépendance aurait-il eu si nous n'avions pas pris son destin en main ? »

On comprend mieux pourquoi nombre de parents s'affolent comme des fourmis prises au piège quand on leur parle de trouver une place pour leur enfant en IME. Avoir un comportement un peu bizarre, des stéréotypies ou une voix étrange, ne devrait pas condamner à l'exclusion. « Je me bats maintenant pour mon fils de 27 ans, autiste lui aussi. [...] [Il] a été placé d'office en institut médico-éducatif à l'âge de 10 ans – on me l'a enlevé sans que je ne puisse rien y faire – et quand j'ai enfin réussi à le récupérer cinq ans après, il avait tout perdu de son niveau scolaire. Il s'est rattrapé depuis, mais ça a été long[1]. »

Si l'enfant est non verbal, si des balancements et surtout des troubles du comportement ont commencé de se mettre en place, on oriente alors l'enfant avec autisme vers un hôpital de jour, voire un hôpital psychiatrique. De vastes espaces désolés, sans activités ou si peu, dans lesquels les enfants déambulent sans but précis. Une solution inacceptable, car l'hôpital est un lieu de soins, pas un lieu éducatif : les enfants n'y sont généralement pas maltraités… sauf si l'on considère, à juste titre, que l'absence d'éducation est en soi une maltraitance. Un lieu où les enfants, à force de ne pas progresser, régressent. Alors lentement, doucement, descendant encore les marches de l'humanité, ces enfants manifesteront peu à peu de véritables troubles du comportement et ne seront bientôt plus aptes qu'à être internés dans des hôpitaux fermés et placés sous camisole chimique ; on a vu dans quelles conditions. C'est ce que raconte Anne-Sophie Ferry dans son livre[2]. Quand Tristan, toujours non diagnostiqué, atteint l'âge de quatre ans et demi, les professionnels de l'hôpital psychiatrique dans lequel l'enfant est suivi font comprendre à ses parents qu'ils n'ont

1. Mallet J., « L'autisme, un handicap pas toujours bien reconnu », *La République des Pyrénées*, 2 avril 2015.

2. Ferry A.-S., *Le Royaume de Tristan*, *op. cit.*

d'autre choix que d'accepter son internement, trois puis cinq jours par semaine : les malheureux voient planer au-dessus de leurs têtes la menace d'un recours au tribunal, qui risquerait de leur faire perdre la garde de leur enfant s'ils refusaient. Espérant que le comportement du petit garçon ira en s'améliorant, ils cèdent. Pourtant, le programme qu'on leur annonce les effraie : les professionnels de l'HP « comptent juste observer Tristan, sans aucune interaction, sans stimulation, sans aucun protocole thérapeutique, avec peu de sorties et d'activités. Ils vont le laisser flotter dans le vide, retrouver sa valeur absolue [*sic*] pour attendre de lui des émergences spontanées de désir vers le monde ». Mais l'état de Tristan s'aggrave rapidement : quand il rentre à la maison, lui qui parlait à peine ne parle plus du tout. Ses regards deviennent vides. Il passe son temps à hurler, à se taper la tête contre les murs ou à se rouler par terre en se contorsionnant. Alertés par une infirmière qui leur confirme que la situation est la même à l'hôpital de jour, les parents parviennent à l'en retirer. Il faudra des années à sa maman, Anne-Sophie Ferry, pour parvenir à rasséréner son fils après cette expérience traumatisante.

Face à l'hôpital de jour, les familles se croisent dans leurs souffrances. Des parents à bout de forces, parce que leurs enfants sont lourdement atteints, parce qu'ils n'ont pas du tout été pris en charge durant leur jeune âge, ces parents pleurent pour qu'on les soulage un peu d'un fils, d'une fille, devenu(e) incontrôlable et qui mobilise toute leur existence. Car les places ne sont pas toujours suffisamment nombreuses et laissent des milliers de familles sans solution. Mais plus nombreux sont, aujourd'hui, les parents de jeunes autistes qui se battent pour empêcher le placement en hôpital de jour, qui signe la fin d'une lutte pour une vie la plus normale possible et le début d'un effroyable engrenage.

La France porte donc une énorme cohorte d'enfants pour lesquels aucune solution n'est trouvée, ou au prix d'une attente de plusieurs années, voire de plus d'une décennie : le temps pour l'enfant de devenir adulte, en somme ! Certains parents, le cœur lourd, font donc prendre à leurs enfants le chemin de la Belgique francophone. De l'autre côté de la frontière, des dizaines d'établissements fleurissent, qui accueillent les enfants handicapés français, notamment les autistes. Cela implique pour ces enfants de vivre loin de leurs parents et d'effectuer de longs trajets quand ils veulent retrouver leur famille. Une solution horriblement coûteuse, mais acceptée par la Sécurité sociale, qui prend en charge les prix de journée dans ces institutions ainsi que les trajets en taxi conventionné, s'il vous plaît. Encore l'accueil y sera-t-il plus ou moins qualitatif, certains de ces établissements belges étant des institutions inadaptées, de véritables entreprises commerciales, voire des boîtes à maltraitance[1]. Ils seraient 3000 Français à

1. Bourgoin N., *Enfants handicapés : révélations sur les centres qui les maltraitent*, *op. cit.*

séjourner ainsi chez nos voisins belges. Une situation que l'Unapei (Union nationale des associations de parents, de personnes handicapées mentales et de leurs amis), première fédération d'associations française de représentation et de défense des intérêts des personnes handicapées mentales) et de nombreuses associations tentent de faire cesser, mais que le gouvernement peine à entendre.

La France au banc des accusés

Cette lutte de milliers de parents pour la scolarisation de leurs enfants devrait pourtant être un combat d'arrière-garde. À titre de comparaison, dans les autres pays occidentaux[1], 80 % des enfants avec autisme bénéficient d'une scolarité en milieu ordinaire, avec le soutien éducatif nécessaire – nous reviendrons dessus. Cette bonne situation concerne d'ailleurs plus largement tous les enfants en situation de handicap. Aux États-Unis, ceux-ci avec handicap sont scolarisés dans les mêmes locaux que les autres, que le handicap soit physique ou cognitif, à charge aux instances locales de l'Éducation nationale d'évaluer les besoins de chacun et de mettre à disposition les moyens nécessaires pour permettre son inclusion dans l'école[2]. Au Canada, les élèves font des allers et retours entre des écoles spécialisées et

1. Ameisen J.-C., colloque « Autisme et TED : la scolarisation dans tous ses états… », *op. cit.*

2. Lorenzo S., « Parent d'un enfant autiste, voilà à quoi ressemble mon quotidien », *Le HuffPost*, 18 avril 2015.

les établissements ordinaires. En Suède, empêcher une personne avec handicap de vivre au milieu des autres est un « déni de ses droits civiques » et la scolarisation ne peut s'opérer qu'en milieu ordinaire, éventuellement dans une classe spécialisée, à condition que les parents donnent leur accord. Enfin, en Italie, tous les enfants avec autisme vont à l'école. Les asiles qui les accueillaient ont été fermés dans les années 1970 (40 ans déjà !) et il ne viendrait plus à l'idée de personne d'envoyer les autistes dans des écoles ou des institutions « spéciales ». Les enfants fréquentent l'école de leur quartier, chacun assisté d'un enseignant dédié, un enseignant spécialisé dans l'autisme. Dès l'école maternelle, seul ou soutenu par un psychologue, celui-ci accompagne l'élève qu'il suit dans ses apprentissages, l'aide à surmonter les moments de tension, de « dérapage », et sort avec lui s'il lui prend l'envie ou le besoin de bouger. Bien sûr, dans ce contexte, tous les autistes ne suivent pas le rythme de progression scolaire du reste de la classe, mais tous gardent le droit d'aller à l'école et de rester avec leur groupe de camarades. Et cela est rendu possible par le fait que l'école, en Italie, ne se fonde pas sur la compétition, l'idée qu'il faut pousser la classe le plus loin possible pour être à la hauteur des meilleurs, mais au contraire sur l'idée que chacun doit être accueilli, intégré, et que l'enfant est là pour se développer et s'épanouir au mieux de ses possibilités. Dans la société italienne, la présence des enfants avec handicap dans l'école est bien considérée comme apportant deux bénéfices majeurs : permettre aux enfants avec autisme de développer le plus possible leurs compétences, et former tous les futurs citoyens à la question de la place des handicapés dans la société. Comme le dit une enseignante italienne, cela « brise nos résistances à l'accueil de l'autre[1] ». Ce système repose sur la collaboration directe entre l'école, les neuropsychiatres et les parents. L'Italie voit maintenant arriver sur le marché du travail des générations d'adultes avec autisme qui ont suivi une scolarité et une formation professionnelle ou fait des études, et qui, pour certains, ont donc un métier entre les mains. Elle s'attache désormais à améliorer leur intégration dans le monde du travail.

Pas moins développée, pas moins compétente ni moins intelligente, la France ne parvient pourtant pas à rattraper son terrible retard de plus de quarante années dans ce domaine. Soucieux de bien faire, cependant, l'État a, dans un troisième Plan Autisme lancé en 2013, fait de la « scolarisation un objectif prioritaire » et a prévu, d'ici à 2017, la création de 700 places supplémentaires en unité d'enseignement en maternelle : 175 places par an, quand 8000 enfants autistes naissent chaque année en France ! Une goutte d'eau dans l'océan.

Ce retard a déjà valu à notre pays plusieurs condamnations. En 2005, le tribunal administratif de Lyon a contraint l'État à verser 36000 euros

1. Julienne M. et Blanchard M., *Autistes : une place parmi les autres ?*, *op. cit.*

de dédommagement aux parents d'un adolescent autiste qui n'avait pas bénéficié d'une prise en charge éducative par manque de place en établissement spécialisé. Mais aucune place ne lui a cependant été trouvée. En 2007, la cour administrative d'appel de Paris a rappelé que l'État a l'« obligation d'offrir aux enfants handicapés, dont le handicap justifie qu'ils soient accueillis en établissement spécialisé, une prise en charge éducative au moins équivalente, compte tenu de leurs besoins propres, à celle dispensée aux enfants scolarisés en milieu ordinaire » et de rappeler que le « manquement à cette obligation, qui a pour effet de priver l'enfant de l'éducation appropriée à ses besoins, est constitutif d'une faute de nature à engager la responsabilité de l'État ». En 2011, un arrêt du Conseil d'État a donné raison à la mère d'une jeune autiste qui avait intenté un procès contre l'État, car son fils était « victime d'une carence de l'État dans la prise en charge des personnes autistes ». La famille a alors reçu 108 000 euros de dommages et intérêts… ce qui permet à ce jeune d'avoir enfin une prise en charge adaptée et d'éviter l'hôpital psychiatrique.

À l'échelon supérieur, le Conseil de l'Europe a condamné à plusieurs reprises la France pour « violation de la Charte sociale européenne révisée en ce qui concerne le droit des enfants et adolescents autistes à la scolarisation en priorité dans les établissements de droit commun, et l'absence de prédominance d'un caractère éducatif au sein des institutions spécialisées ». Les experts interrogés par cette haute instance ont, à l'unanimité, réclamé que la France ouvrc plus largement les portes des écoles aux enfants autistes et que, pour les autres, ceux qui ne sont pas en mesure de bénéficier d'un enseignement à l'école, les établissements spécialisés qui les accueillent leur dispensent une véritable éducation. Le Conseil de l'Europe regrette par ailleurs que « l'État français contribue financièrement au déplacement en Belgique des enfants et adolescents autistes de nationalité française [...], au lieu de financer la mise en place dans le cadre d'institutions spécialisées respectant ces normes et œuvrant sur le territoire français ». Interpellée à l'occasion notamment de la situation de Timothée, l'Onu a rappelé la France à l'ordre pour violation des droits de l'enfant.

Changer l'école

Quelles raisons peuvent expliquer la trop faible scolarisation des enfants autistes en France ? En premier lieu, les médecins, les psychiatres, les psychologues et certains éducateurs connaissent mal cette pathologie et conseillent trop rapidement aux familles des solutions de soins, quand il faudrait aux enfants une véritable éducation. Nous reviendrons sur ce point.

En deuxième lieu, l'école n'est actuellement pas suffisamment malléable pour s'adapter à la situation particulière des élèves. Cela tient en partie aux enseignants. La plupart vivent l'inclusion scolaire d'un élève avec un handicap non comme une opportunité ou un défi à relever, mais comme une agression personnelle : surtout lorsqu'ils se trouvent face à un enfant autiste, dont le comportement ressemble, de prime abord, à celui d'un « gosse mal élevé ». Ces enseignants considèrent qu'« un enfant en situation de handicap mental, relationnel, comportemental, n'est pas dans un état suffisant pour que l'école puisse lui bénéficier, comme si l'école était là pour rendre meilleurs que ceux qui sont déjà adaptés au monde [...], un peu comme si on disait que la kinésithérapie est importante pour les sportifs et ne concerne pas les personnes qui ne sont pas en état de bien marcher, celles avec lesquelles on ne peut pas espérer un résultat optimal[1] ». Il est vrai que l'Éducation nationale fonctionne en termes de programmes, d'enjeux et d'échéances, le corps professoral étant dans l'obligation de répondre à la mission qu'on lui assène : amener 80 % d'une classe d'âge au baccalauréat. L'école républicaine ne devrait-elle pas plutôt permettre à chacun de se développer au mieux de ses capacités ? Et doit-elle laisser 20 % d'élèves sur le carreau sous prétexte qu'elle se décarcasse pour les 80 % restants ?

Enfin, l'entrée des enfants autistes à l'école est d'autant plus difficile que les parents des autres enfants, soucieux de leur sécurité – comme si les handicapés étaient des menaces ambulantes –, ne lassent pas de faire pression pour empêcher leur

1. Ameisen J.-C., colloque « Autisme et TED : la scolarisation dans tous ses états... », *op. cit.*

insertion en milieu scolaire ordinaire. Sans compter la sacro-sainte peur que leurs enfants prennent du retard.

Bien sûr, il ne s'agit pas de lâcher un enfant non verbal, qui pourrait se cogner la tête contre les murs et pousser des cris dans la petite classe tranquille d'un village de Dordogne ou, pire, dans la classe surchargée d'une zone anciennement d'éducation prioritaire. Mais « il faut trouver des solutions adaptées à l'enfant et non pas adaptées à l'école », explique encore Jean-Claude Ameisen, décidément mobilisé sur la question de la scolarisation des enfants autistes.

D'abord, il conviendrait de donner à l'enseignant les moyens de gérer l'ensemble de sa classe, par exemple en diminuant le nombre d'élèves quand un enfant porteur d'un handicap est présent : cela se fait dans d'autres pays occidentaux, de façon que le professeur puisse consacrer tout le temps nécessaire à ce dernier, sans pour autant nuire au reste de la classe.

Ensuite les enseignants auraient besoin de mieux connaître le handicap de manière générale, l'autisme en particulier : car la prévalence de l'autisme dans les jeunes générations est telle que chacun devrait statistiquement en avoir un dans sa classe une fois tous les cinq ans[1]. Amelin témoigne : « Dès le mois de juillet, mes collègues m'avaient prévenu : c'était peine perdue, cette élève n'avait pas le niveau. J'avais même l'impression qu'elle ne comp-

1. 6 760 600 écoliers (ministère de l'Éducation nationale) divisés par 8 niveaux (de la petite section au CM2) divisés par 25 (nombre d'élèves en moyenne par classe) pour 8 000 autistes par classe d'âge.

tait pas. Mais il me tenait à cœur de bien faire. Pendant l'été, j'ai fouillé dans mes archives des années d'études, et j'ai fini par dénicher un cours de deux heures sur la prise en charge du handicap au sein de l'école. Autant dire rien ! Sur le site du ministère de l'Éducation nationale, j'ai également trouvé un document très général et plein de bonnes intentions sur l'intégration des enfants handicapés dans la classe. Mais là aussi, rien sur le travail réel de l'enseignant. À la rentrée, je me suis trouvé démuni face à la petite Sonia. Cette année-là, ma classe était chargée et particulièrement difficile, si bien que je me suis surtout préoccupé du groupe classe et de sa progression. Plus tard, dans l'année, j'ai eu la chance de rencontrer quelqu'un qui connaissait l'autisme et qui m'a fait lire le livre des Perrin[1]. C'est avec un intense sentiment de culpabilité que j'ai alors pris conscience de tout ce que je n'avais pas su faire pour cette élève qui stagnait dans ma classe. Je ne comprends toujours pas pourquoi l'Éducation nationale ne nous forme pas sur cette question. » Depuis, le ministère de l'Éducation nationale a mis à disposition des enseignants un document de 21 pages intitulé « Ressources d'accompagnement éducatif : scolariser les enfants présentant des troubles envahissants du développement (TED) et des troubles du spectre autistique (TSA) ».

Enfin, l'enfant – et, indirectement, l'enseignant – a besoin d'une aide spécifique dans la classe. C'est

1. Perrin G. et F., *Louis, pas à pas*, *op. cit.*

le rôle dévolu aux anciens AVS (auxiliaires de vie scolaire), devenus, depuis la rentrée 2014, des AESH (accompagnants d'élève en situation de handicap). Ils ont pour mission de seconder l'élève avec handicap dans l'école pour lui permettre de suivre le cursus scolaire (par exemple, en lisant des consignes de mathématiques à un dyslexique), de l'aider dans sa vie quotidienne (accompagner un enfant non voyant lors de ses déplacements au sein de l'établissement) ou dans sa socialisation (favoriser les échanges entre un élève autiste et ses camarades). Évidemment, l'intervention d'un AESH dans la classe a un coût : 24000 euros environ par an. Mais, dans un hôpital, le même enfant coûte de 80000 à 300000 euros par an.

Au-delà de l'idée excellente de l'intervention de ces accompagnants, la réalisation laisse à désirer. En premier lieu, les AESH sont trop peu nombreux : 69000 à la rentrée 2014 pour l'ensemble des élèves en situation de handicap, quand les seuls enfants autistes sont 100000 à 150000.

En deuxième lieu, jusqu'à la rentrée 2014, les AVS étaient recrutés en CDD, souvent à temps partiel et de façon précaire sur une période maximale de six ans. Certains enfants en situation de handicap – on l'a vu pour Timothée – devaient faire face à un véritable turnover (cinq AVS sur un mois pour Tim), une situation difficile à vivre pour les enfants avec autisme, qui ont besoin de stabilité.

Enfin, les AESH, généralement peu formés quand il faudrait des professionnels pointus, ne reçoivent aucune formation spécifique, notamment en ce qui concerne l'autisme et conviennent mal aux enfants autistes, qui ont des besoins très spécifiques. Christelle, la mère d'Hugo, dont nous avons précédemment parlé, a réussi à contourner le problème en proposant à l'école l'intervention d'une psychologue spécialisée jouant le rôle de l'AVS. Encore a-t-elle eu de la chance que l'Éducation nationale accepte de signer une convention avec du personnel extérieur. Car l'idéal serait la présence d'un éducateur spécifiquement formé à l'autisme, capable de capter, quand c'est nécessaire, l'attention de l'enfant pris en charge pour lui faire faire un exercice, travailler avec lui en binôme quand il « s'échappe », le remettre sur le chemin de l'écoute de l'enseignant. « Des parents trouvent la perle rare, formée à l'autisme et prête à aider leur enfant, que le rectorat refusera d'embaucher. C'est ce genre de situations ridicules, ubuesques et préjudiciables à l'enfant qui mènent à des gestes désespérés des parents à bout de nerfs et de patience. Telle cette mère d'enfant autiste montée en haut d'une grue il y a quelques mois à Toulouse[1]. »

Quand la pression se fait démographique

La bataille pour la scolarisation se fait plus urgente d'année en année, car le nombre des autistes

1. EgaliTED, « Autisme : l'école inclusive, c'est maintenant ? », *ibid.*

est en pleine progression. Il y a quelques décennies encore, cette pathologie semblait exceptionnelle[1]. Mais les recensements se font de plus en plus alarmants : une personne sur 525 aux États-Unis en 1992[2], une sur 110 en 2006, une sur 68 en 2014[3], 1 sur 45 en 2015[4]… L'évolution est comparable dans tous les pays du monde. Une croissance exponentielle de la prévalence : à terme, d'aucuns craignent qu'il naisse un jour plus d'enfants autistes que d'enfants non autistes !

Dès lors, faut-il redouter une « épidémie » d'autisme ? Non, affirment certains chercheurs, car la progression numérique est avant tout le fait d'une meilleure connaissance de la maladie : on dénombrerait davantage d'autistes parce qu'on en chercherait davantage et parce qu'on saurait mieux les dépister. Des cohortes d'autistes avec des symptômes peu marqués étaient sans doute là, hier, mais sont passés sous le radar du dépistage. « Il faut dire

1. « La prévalence de l'autisme a été estimée à partir des études publiées entre 1966 et 1976 à 4 enfants pour 10000, alors que la prévalence actuelle de l'autisme a été estimée dans les études publiées à partir de l'année 2000 à 20 enfants pour 10000 (17,18) », *in* Haute Autorité de santé, « Autisme et autres troubles envahissants du développement. État des connaissances hors mécanismes physiopathologiques, psychopathologiques et recherche fondamentale. Argumentaire », *op. cit.*, p. 27.

2. Newschaffer C. J., Falb M. D. et Gurney J. D., « National autism prevalence trends from United States special education data », *Pediatrics*, 2005, vol. 115, p. 277-282.

3. D'après le Centers for Disease Control and Prevention.

4. Recensement des centres fédéraux de contrôle et de prévention des maladies (CDC) publié le 14. 11. 2015.

qu'il y a vingt ans on ne faisait le diagnostic que dans les cas très typiques », rappelle Monica Zilbovicius[1], médecin psychiatre et directrice de recherche à l'Inserm. « On disait autrefois – et autrefois, ça n'est pas très ancien – tel enfant parle, donc il n'est pas autiste, tel enfant m'a souri une fois et il m'a regardé une fois, donc il n'est pas autiste. On passait à côté d'énormément de diagnostics d'autisme[2] », affirme le Dr Geneviève Macé, fondatrice du Centre Expert Autisme de Limoges.

Cette explication suffit-elle ? Que se passe-t-il si l'on tente de revenir en arrière et d'évaluer la présence de l'autisme dans les générations précédentes ? Toutes les études montrent que, plus on remonte dans le temps, moins les autistes étaient nombreux, et les scientifiques s'accordent sur le fait que les progrès dans le diagnostic ne sauraient expliquer plus de la moitié de l'évolution des chiffres[3]. Dans certains États, comme au Québec, cette croissance de l'autisme est considérée comme un « problème de santé publique[4] ». Et l'Onu confirme : « De tous les troubles graves de développement, [l'autisme] est celui qui connaît la plus rapide expansion dans le monde. Cette année, le nombre de cas d'au-

1. Zilbovicius M., *in* Robert S., *Le Mur, la psychanalyse à l'épreuve de l'autisme*, *op. cit.*

2. Journal télévisé de 20 heures, TF1, 2 avril 2015.

3. « The mind's tangled web », *Nature*, 3 novembre 2011, vol. 479, p. 5.

4. Réseau national d'expertise en troubles envahissants du développement (RNETSA), Revue de littérature préparée par Alexandrine J. Lamontagne, B.Sc., avril 2011.

tisme diagnostiqué chez des enfants sera supérieur aux diagnostics de diabète, de cancer et de sida additionnés[1]. »

Cela prouve que la génétique n'est pas la seule cause de l'autisme. Une étude menée en 2011 a montré que pour les enfants qui vivaient à l'ouest de Hollywood, nés là ou arrivés récemment, le risque d'être autistes était quatre fois plus grand que pour ceux vivant ailleurs dans l'État de Californie[2]. Les autistes se seraient-ils donné rendez-vous à Hollywood ? En 2014, une autre étude portant sur plus de 2 millions de personnes en Suède, dont 14 000 autistes, a conclu que l'autisme relève bien de facteurs génétiques mais se déclenche en fonction de facteurs environnementaux, sans doute extrêmement variés[3].

Les hypothèses vont bon train. D'aucuns évoquent la pollution automobile, les pesticides, les perturbateurs endocriniens… Ce type de causalité semble difficile à tracer. Rares sont les maladies qui,

1. Centre d'actualités de l'Onu, « Autisme : l'Onu appelle à un monde qui ne laisse personne au bord de la route », www.un.org, 1er avril 2011.

2. King M. D. et Bearman P. S., « Socioeconomic Status and the Increased Prevalence of Autism in California », *American Sociological Review*, 2011, 76, p. 320-346, étude réalisée à la Columbia University de New York, cité dans Collectif Autisme, « Autisme : révéler la réalité de l'épidémie ».

3. Sandin S., Lichtenstein P., Kuja-Halkola R., Larsson H., Hultman C. M., Reichenberg A., « The Familial Risk of Autism », *JAMA*, 7 mai 2014, 311 (17), p. 1770-1777. http://jama.jamanetwork.com/article.aspx?articleid=1866100&resultClick=3.

comme les cancers de l'amiante, portent une claire signature environnementale. Pourtant, la piste est sérieuse : il est d'ores et déjà acquis que certaines maladies contractées par la mère au cours de la grossesse (la rubéole, le cytomégalovirus, par exemple, peut-être la grippe), certains médicaments ingérés pendant cette même période (la thalidomide, l'acide valproïque) augmentent le risque d'autisme. En 2014, des chercheurs de l'université Davis de Californie[1] ont constaté que, pour une femme enceinte exposée à des pesticides, le risque de donner naissance à un enfant autiste est accru de 66 % : l'augmentation de la prévalence de l'autisme ces dernières décennies pourrait trouver ici une explication.

Ces données sont confirmées par une étude de grande ampleur, réalisée sur deux décennies (1989-2009) par des chercheurs de l'université Harvard[2]. Ils ont étudié le parcours de vie de plus de 100 000 infirmières, dont 325 ayant donné naissance à un enfant diagnostiqué autiste. En les comparant avec les autres infirmières devenues mères, ils ont constaté que, pour celles exposées à certains niveaux de pollution de l'air (diesel, mercure, plomb, manganèse et chlorure de méthylène) durant leur gros-

1. « Autism risk higher near pesticide-treated fields, study says », *Environmental Health Perspectives*, 23 juin 2014.

2. Étude menée par la faculté de santé publique de l'université Harvard (HSPH), à Boston, depuis 1989, sur 116 430 infirmières, avec un suivi sur 325 femmes ayant eu un enfant autiste et 22 000 autres dont l'enfant ne souffrait pas d'autisme. Résultats parus dans l'édition en ligne de la revue *Environmental Health Perspectives*.

sesse, le risque de donner naissance à un enfant autiste était jusqu'à deux fois plus grand que pour les autres. La recherche se penche désormais sur l'exposition du fœtus, puis du jeune enfant, aux métaux lourds (mercure, plomb…) et leur effet délétère sur le développement cérébral : plusieurs études ont en effet établi des analogies troublantes, comme leur présence plus élevée dans le sang et l'urine des enfants autistes que dans ceux des autres[1]. Un tel lien ne serait pas une première : les scientifiques se sont déjà interrogés sur des corrélations entre certains métaux, comme l'aluminium, et des maladies, comme celle d'Alzheimer. Récemment, plusieurs organisations scientifiques américaines ont dressé la liste des agents toxiques jouant certainement un rôle dans la survenue des troubles autistiques, parmi lesquels le plomb[2], les PCB[3], le bisphénol A[4], certains pesticides[5] et… les gaz d'échappement automobile[6]. De tels facteurs de risque, parfois sous forme de cocktails explosifs[7], ne feront qu'augmenter le nombre des enfants autistes qui se présenteront aux portes des écoles.

1. James Adams, de l'Arizona State University (ASU), étude parue dans *Biological Trace Element Research*.
2. Jusko *et al.*, 2008.
3. Winneke, 2011.
4. Braun *et al.*, 2011. Miodovnik *et al.*, 2011.
5. Eskenazi *et al.*, 2007.
6. Volk *et al.*, 2011.
7. Voir à ce sujet Cicolella A., *Toxique planète. Le scandale invisible des maladies chroniques*, Anthropocène, 2013.

En attendant, Maryna, la mère de Timothée, a tout tenté pour que son fils continue d'être scolarisé. Elle a déménagé dans un autre département et, quand les portes des collèges, ici aussi, sont restées closes, elle lui a fait suivre les cours par correspondance du Cned, qui relève de l'Éducation nationale. Malgré des débuts encourageants (20/20 à son premier devoir en physique-chimie), la justice les a rattrapés et a décidé le placement de Timothée en IME à la rentrée 2015. Cela n'aura duré que trois jours ! Le 3 septembre, Timothée atterrissait aux urgences psychiatriques, où son internement était décidé, avec sa cohorte de mauvais traitements : Tim a immédiatement été enfermé en chambre d'isolement, attaché à son lit et mis sous camisole chimique. L'adolescent, pourtant lucide, n'était même pas autorisé à aller aux toilettes et n'avait d'autre choix que d'uriner sur lui. L'histoire a fait le tour du monde, jusqu'aux experts de l'Onu qui, choqués, ont sommé la France de mettre immédiatement fin à l'institutionnalisation de Timothée, qui « viole [...] les droits de cet adolescent à l'autonomie et à l'inclusion dans la société, à vivre au sein de sa famille et à exprimer librement son opinion sur toute question l'intéressant[1] ».

Maryna n'a pas attendu que les années s'écoulent avant que la France réagisse. Elle sait que chaque jour qui passe diminue les chances de son fils de renouer avec une vie normale. Profitant d'une autorisation

1. Devandas-Aguilar C., rapporteure spéciale sur le droit des personnes handicapées à l'Onu, le 17 septembre 2015. Propos reproduits sur www.handicap.fr.

de sortie, elle a pris Tim sous son aile et a fui la France pour s'installer en Irlande, où le reste de la famille les a rejoints. Tout était en place pour qu'ils se construisent une nouvelle vie. Tim a retrouvé le chemin de l'école. Hélas, la gendarmerie a lancé contre eux un mandat d'arrêt international : Maryna s'est retrouvée sous les verrous, accusée d'enlèvement d'enfant. De l'adolescent scolarisé au réfugié en Irlande, hébergé en urgence par une voisine bienveillante : quelle descente aux enfers ! Quelle responsabilité pour l'Éducation nationale !

Josef Schovanec, de son côté, s'est maintenu vaille que vaille dans le système scolaire : « Si on avait attendu que j'aie le niveau pour passer en CP, je serais sans doute encore en grande section de maternelle ! » Il est aujourd'hui hautement diplômé. Acacio, lui, est resté dès le départ en marge de l'école et de la société. Il est vrai qu'on l'imagine mal, sans la parole, sans possibilité de communiquer, évoluant bientôt vers des troubles du comportement, trouver sa place dans le système scolaire. Et pourtant, il aurait eu sa place et sa chance s'il était né dans un pays voisin. Et sa lente mais certaine évolution vers l'internement aurait peut-être été évitée si – mais on ne le savait que peu à l'époque, en France – on avait pris la peine… de lui apprendre à communiquer.

4

UNE LUEUR DANS LA NUIT ? LES APPROCHES EFFICACES

LE PSYCHIATRE A ÉTÉ clair, sa sentence est sans appel : Jonas ne parlera jamais. C'est un autiste lourd qui ne pourra jamais entrer en communication avec les autres. Il est enfermé dans son monde, dans son handicap. Aux parents de se faire une raison !

Que de pères, de mères ont entendu ces propos ! Combien ont dû faire face à l'inacceptable ! Comme les autres, les parents de Jonas sont passés par différents stades. Le déni d'abord. Pendant quelque temps, ils ont continué de vivre comme s'ils n'avaient pas entendu. Il leur a fallu plusieurs jours pour accepter d'en parler, et quand ils ont commencé à en parler, c'était pour refuser l'évidence : non, le médecin n'avait pas bien observé Jonas, il ne s'était pas rendu compte de son incroyable potentiel, il n'avait pas saisi ses capacités. Et puis tant d'enfants autistes parlaient : pourquoi pas leur fils ? Ensuite est venu le temps de la colère. Ils en voulaient à la terre entière. Pourquoi le sort leur avait-il donné un enfant autiste ? Qui des deux, dans le couple, avait apporté ces gènes responsables de la situation ? À cette époque, leur couple a traversé une grave crise, et – ce n'était pas la première fois depuis la naissance de Jonas – ils ont envisagé de se séparer.

Quand ils sont retournés voir le psychiatre, ils avaient réussi à surmonter l'épreuve : le temps du marchandage était venu. Ils ont tenté d'amadouer le médecin : peut-être que, s'ils faisaient beaucoup d'efforts avec Jonas, s'ils devenaient plus patients avec lui, si le médecin prenait davantage de temps pour leur fils, peut-être que… Mais le psychiatre n'a pas bougé d'un sourcil. Il faut dire que, des enfants comme Jonas, il en voit tous les jours depuis des années. Alors il sait bien établir son diagnostic, il sait ceux qui vont s'en sortir et ceux qui resteront englués dans leur « absence au monde ». D'ailleurs, il n'était pas content : qui avait dit que Jonas était autiste ? Pas lui, en tout cas. Non ! Jonas souffrait de troubles du comportement et de la personnalité indéterminés, dont on ne pourrait le sortir. Fin de l'histoire.

Quand ils sont rentrés chez eux, cette fois, les parents de Jonas avaient entendu. Ils étaient dévastés. Anéantis. Pendant plusieurs jours, la mère de Jonas a été incapable de parler. Le père a choisi une autre option : la fuite. Il s'est plongé dans son travail pour tenter d'oublier. Il rentrait de plus en plus tard le soir, s'absentait même le week-end pour « un dossier à boucler ». Englouti par son propre chagrin, il ne regardait même plus son fils et n'entendait pas les appels au secours de sa femme. Laquelle, après quelques mois, a été mise sous antidépresseurs.

Pourtant, peu à peu, les parents ont repris pied. Ils sont sortis de la phase de dépression pour en arriver à l'ultime phase du deuil : l'acceptation. Ils ont appris à regarder avec calme la situation, à la prendre comme elle venait. Alors, timidement d'abord, puis davantage, car ils avaient besoin de leur entourage, ils ont commencé à en parler. À avouer, devrait-on dire, tant ils se sentaient coupables de la situation. Aux grands-parents, dans un premier temps, puis aux amis, aux proches. Et, de fil en aiguille, ils ont noué de timides liens avec une communauté de parents, blessés comme eux, dévastés ou « réparés », en tout cas solidaires. Et c'est ainsi qu'un matin, ils ont entendu parler du Pecs. Un drôle d'acronyme pour une drôle de méthode, élaborée en 1985 aux États-Unis pour permettre la mise en communication de personnes non verbales (pas seulement les autistes). Fondé sur un système d'échange d'images, le Pecs (*Picture Exchange Communication System* ou système de communication par échange d'images) permet d'apprendre à communiquer sans avoir à verbaliser. Le principe est simple : on apprend à l'enfant à réclamer ce qu'il désire en tendant une image représentant l'objet convoité (un jouet hors de sa portée, une clémentine ou son pull vert). L'enfant apprend ainsi deux choses importantes : chaque objet a un nom (une image), et chaque image permet de solliciter son entourage pour obtenir ce que l'on désire.

Au début, les parents de Jonas n'ont pas voulu y croire : cela semblait trop beau pour être vrai. Mais les témoignages autour d'eux se sont multipliés et ils ont vu de leurs propres yeux des enfants d'amis l'utiliser : « Avant, Martin était infernal, affirme une amie. Il criait sans cesse, sans que je sache ce qu'il voulait. Notre vie était devenue un enfer et, je t'avoue, j'ai même pensé à le placer, tellement j'étais à bout. Aujourd'hui, la vie de famille a repris un semblant de normalité. Tu le vois toi-même, Martin vient tranquillement me donner des images quand il veut quelque chose. Je comprends ce qu'il veut et je peux accéder à sa demande. Je respire enfin ! »

Pourquoi ne pas tenter, se sont dit les parents de Jonas. De toute façon, qu'avaient-ils à perdre ? Certes, quand ils en ont parlé au psychiatre, celui-ci a bondi de sa chaise : « Il n'est pas question de faire des expériences sur votre fils ! Préservez-le de cela. Il ne faut pas forcer Jonas à communiquer. Il le fera de lui-même s'il le veut un jour. Et puis, de toute façon, je vous le dis encore une fois : Jonas ne parlera jamais. Et je ne vois pas l'intérêt de tenter d'en faire un singe savant qui manipule des petites images. Savez-vous que l'on utilise cette méthode pour communiquer avec les chimpanzés ? Non, par respect pour votre fils, nous ne tenterons pas cette méthode. Et je vous interdis de le faire de votre côté. »

Le problème, c'est que Catherine, la mère de Jonas, déteste qu'on lui donne des ordres. C'est une rebelle. Et puis son fils, c'est sa chair, son sang. Pas la propriété du psychiatre. Alors, au lieu de la faire renoncer, le discours du médecin lui a encore plus donné envie d'essayer. La mère de Martin est venue, un jour, avec son propre fils. Elle a achevé de la convaincre.

« Vous êtes les parents, vous ne devez pas acheter la paix en laissant Jonas faire tout ce qu'il veut. Vous croyez que cela vous facilite la vie. En fait, cela vous la complique énormément. D'abord, parce que vos autres enfants demanderont bientôt à faire comme Jonas : accéder librement à tout ce qu'ils veulent. Ensuite, parce que Jonas est encore petit. Mais que va-t-il se passer quand nos enfants vont grandir ? Ils vont prendre le pouvoir sur nous et deviendront ingérables. Nous devons mettre des limites. C'est notre rôle. Et pour cela, nous devons apprendre à communiquer avec eux. »

Quand elle est partie, Daniel et Catherine ont longuement dialogué. La discussion les avait à la fois rassurés et emplis d'inquiétude. Ils étaient partagés. Partagés entre l'espoir d'un possible et la peur d'un avenir sombre.

« De toute manière, on ne perd rien à essayer », a fini par dire le père de Jonas.

Alors ils ont commencé à faire des recherches. Ils ont trouvé des pistes sur Internet, ont interrogé des parents. Et puis, un jour, ils ont choisi une première cible : le chocolat. Jonas adore le chocolat, et il en mange souvent. Il va dans la cuisine et il hurle jusqu'à ce que l'un de ses parents se précipite et lui en donne. Ils ont cherché sur Internet une photo de chocolat, l'ont imprimée et plastifiée pour qu'elle tienne le coup avec le temps. Et puis ils se sont entraînés : avec les notes que Catherine avait prises pendant l'entretien, ils ont répété : « Tu veux du chocolat, très bien, je vais t'en donner. » Et ils ont attendu. Oh, pas longtemps ! Le soir même, Jonas s'est levé du lit de ses parents, où il commençait toutes ses nuits, pour aller dans la cuisine. Et il s'est mis à hurler. Au lieu de se précipiter pour ramener le calme au plus vite, Daniel et Catherine sont venus tranquillement dans la cuisine. Jonas sautait en tentant d'ouvrir le placard. Catherine a alors pris la main de Jonas et y a posé l'image qu'ils venaient de réaliser.

« Tu veux du chocolat, très bien, je vais t'en donner. »

En même temps, elle a guidé la main de Jonas vers la sienne, pour qu'il lui rende l'image. Évidemment, Jonas ne comprenait rien et a hurlé de plus belle. Puis il s'est calmé quand il a vu Catherine ouvrir enfin le placard, en sortir le délice tant attendu et lui donner un carré. Jonas s'est jeté dessus goulûment, et il en a voulu davantage. Déjà, Catherine rangeait la boîte dans le placard. Alors Daniel a pris le relais : il a reposé l'image dans la main de Jonas et lui a montré qu'il devait la rendre. « Tu veux du chocolat, très bien, je vais t'en donner. » Puis il est allé à son tour vers le placard et a répondu à l'attente de son fils.

Ce petit jeu a duré quelque temps. Et puis, un jour, Jonas a pris l'image qui restait toujours sur la table de la cuisine et l'a tendue à son père qui faisait la vaisselle.

« J'étais bouleversé. Pour la première fois, mon fils me "parlait". Je voyais enfin le bout du tunnel. »

Tout est allé très vite ensuite. Daniel et Catherine ont découpé des images, toujours plus, pour permettre à Jonas d'exprimer ses désirs : regarder la télévision, mettre son pull vert, trouver son petit camion… Ils ont constitué un tableau, puis un classeur que Jonas pouvait emporter partout avec lui : dans le salon, dans sa chambre, et même en déplacement. En quelques semaines, la vie de famille a changé. Les cris et les crises se sont raréfiés.

Tous les parents qui l'ont essayé en témoignent. Avec le Pecs, l'enfant étoffe progressivement son vocabulaire pictural. Il passe bientôt aux images représentant des actions : manger, dormir, se promener. Ce qu'a fait Jonas. Plus tard, on lui a appris à faire des phrases en combinant des successions d'images : je, vouloir, tomate. L'adulte verbalise la demande en même temps qu'il y répond (en donnant une tomate). Puis avec le Pecs, Jonas a appris à faire des commentaires : je vois, je sens, j'ai peur. La méthode lui a ouvert la porte de la communication avec l'autre. Dans le monde entier, le Pecs s'est imposé comme une méthode simple et rapide, permettant aux enfants de sortir de leur mutisme, d'entrer dans la communication, donc de minimiser leurs troubles du comportement.

Insensiblement ou avec un peu de stimulation, un grand nombre d'autistes, y compris des enfants dont les médecins ont dit, comme pour Jonas, qu'ils resteraient non verbaux, car lourdement atteints, s'appuient sur le Pecs pour se lancer finalement dans le langage oral. On avait annoncé aux parents de Guillaume[1] que leur fils ne parlerait jamais. Pourtant, quand il a eu 4 ans, ils ont eu recours au Pecs. En peu de temps, il a compris que, pour obtenir un verre d'eau, il devait tendre la carte « eau ». Au bout de deux ou trois mois, à force d'associer images et sons, il prononçait ses premiers mots, et, au bout de six mois, il abandonnait les images du Pecs, car il parlait de manière fluide (langage fonctionnel). Même chose pour Alex qui, en trois semaines, avait compris le fonctionnement de la communication par l'image et, au bout de quelques mois, disait son premier mot. Pas de miracle cependant, le Pecs ne permet pas à tous les enfants autistes d'atteindre le stade verbal : chez Sandra, Samy, le plus jeune, parle couramment, tandis que l'aîné, Eddy, se contente de communiquer avec sa banque d'images.

L'histoire de Jonas, celle de Guillaume et de bien d'autres enfants illustrent à merveille cette parole de Laurent Petit, le directeur du CAAP dans lequel vit Acacio : « Un aveugle a besoin d'un chien d'aveugle, un autiste a besoin d'une méthode

1. Robert S., *Le Mur : la psychanalyse à l'épreuve de l'autisme*, *op. cit.*

de communication, parce que c'est ce qui lui fait défaut[1]. »

L'ABA : apprendre à apprendre

Un enfant autiste qui a en partie surmonté son problème de communication – maîtriser le langage ne signifie pas être nécessairement un bon communicant – est doublement préparé à entrer à l'école, puisque c'est l'un des grands enjeux de son éducation : d'une part, il peut communiquer ; d'autre part, il risque moins d'évoluer vers les troubles du comportement que la frustration engendre obligatoirement. Mais il n'est pas prêt à intégrer une classe ordinaire. D'autres compétences lui manquent encore pour lui permettre d'entrer dans les apprentissages.

L'enfant neurotypique apprend et progresse grâce à une série de mécanismes qui se mettent spontanément en place. Il se montre curieux, naturellement motivé, il observe son environnement, cherche à le décoder, il communique, il imite. Ces capacités manquent aux enfants avec autisme, ce qui les empêche d'apprendre. Il leur faut aussi acquérir des compétences « pivots » indispensables pour accéder aux apprentissages : savoir regarder, accepter le contact visuel, imiter, répondre, communiquer, utiliser l'attention conjointe (faire attention à la fois à

1. Carciofo R., *Solutions d'espoir. Un regard sur l'autisme en France*, *op. cit.*

la personne qui enseigne et à ce qui est enseigné)… Cela commence par des habiletés fondamentales et des compétences nécessaires à l'autonomie : manger seul, faire sa toilette, s'habiller, demander ce que l'on souhaite sans crier ni taper…

À partir des années 1980, des chercheurs et des éducateurs ont mis au point – au départ, pas pour les enfants autistes – des méthodes éducatives fondées sur l'ABA (*Applied Behavior Analysis* ou analyse appliquée du comportement) : des méthodes dont on entend plus simplement parler sous le nom d'« ABA ». L'ABA, donc, s'est progressivement intéressée au sort des enfants autistes et, pour répondre à leurs difficultés d'apprentissage, propose de morceler les tâches et de les enseigner étape par étape. Quand un enfant neurotypique apprend à se brosser les dents en suivant les indications de ses parents ou en les imitant, l'ABA décompose l'objectif en une succession de tâches simples acquises peu à peu : je prends la brosse à dents, j'ouvre le robinet, je mouille ma brosse à dents, je referme le robinet, je pose ma brosse à dents, je prends le dentifrice, je dévisse le bouchon, je le pose sur le bord du lavabo, je reprends ma brosse à dents, je mets du dentifrice dessus, et ainsi de suite.

L'ABA est le fait de psychologues et d'éducateurs spécialisés. Les séances d'ABA sont individuelles : pour être certain de capter l'attention de son élève, l'accompagnant travaille avec un seul enfant à la fois. « Dès l'âge de 3 ans, Alex a bénéficié d'une prise en charge adaptée avec une équipe de psychologues qui intervenait à son domicile pour de la “remédiation cognitive ABA”. Chaque jour, une psychologue venait travailler avec lui deux à trois heures, avec des pauses. Elle usait d'un rythme enlevé, dynamique, rapide, ne laissant aucun temps mort pendant lequel l'attention de l'enfant risque de s'échapper. Elle préparait tout son matériel pour que les exercices et les jeux s'enchaînent. Elle et mon fils étaient sans cesse en action, en mouvement, en interaction. Elle sollicitait Alex en permanence, attirait son attention, venait le chercher, dans une atmosphère joyeuse et ludique. »

Mais, là encore, l'éducateur bute sur une difficulté : il a besoin que l'enfant coopère. Les premières séances ont eu lieu « dans la douleur » pour Alex et ses parents. Face à ses comportements d'enfant « sauvage », ces derniers avaient pris l'habitude de ne pas le contrarier. Il a fallu lui apprendre à s'asseoir à la table, à regarder l'éducatrice, à coopérer avec elle. Pourtant, en seulement trois semaines, les progrès étaient déjà spectaculaires. Par exemple, il était capable de réclamer un yaourt sans grogner. « Pour moi, l'ABA est comme une boîte à outils qui permet d'éduquer, d'instruire, d'apprendre à mon fils tout ce qui lui est nécessaire de savoir faire. Cela a profondément bouleversé ma manière de l'éduquer, mais aussi ma manière d'éduquer et d'interagir avec mes autres enfants. »

Prendre plaisir à apprendre

Les enfants – les adultes aussi – ne progressent que s'ils reçoivent des renforçateurs positifs : des félicitations, des sourires, des encouragements, des bonnes notes, la considération de leurs pairs, un titre, une promotion, une médaille, une augmentation de salaire… Or les autistes, coupés des réactions des autres, qu'ils ne savent pas décoder – ou qui ne les motivent pas –, ne disposent pas des renforçateurs sociaux. Leurs motivations spontanées se tournent non vers les personnes, mais vers les objets et les expériences sensorielles. Les méthodes éducatives utilisent donc les quelques renforçateurs propres à chaque enfant pour l'aider à entrer dans les apprentissages : celui-là aime les bonbons, tel autre se passionne pour le bruit du vent dans la cheminée, tel autre encore adore passer l'aspirateur, jouer au ballon, se mettre du gel sur les mains ou jouer à un jeu vidéo. Qu'à cela ne tienne : si tu me donnes la carte « dentifrice », tu pourras écouter le vent dans la cheminée ; si tu enfiles tout seul ton pull, tu pourras mettre du gel sur tes mains.

Évidemment, il ne s'agit pas de gaver l'enfant de bonbons et encore moins de le laisser toute sa vie passer l'aspirateur. En même temps que l'éducateur, le parent accorde le renforçateur attendu par l'enfant, il « met en scène » (par de grands sourires, des encouragements chaleureux, des paroles fortes, un enthousiasme débordant, voire excessif) les renforçateurs sociaux que les enfants neurotypiques apprennent spontanément. Rapidement, l'enfant autiste associe ces renforçateurs sociaux à ses propres renforçateurs « primaires », puis apprend à se contenter d'eux. Il lâche les bonbons, l'aspirateur et le ballon pour, bientôt, attendre l'admiration et le sourire de ses parents : il devient sensible aux renforçateurs sociaux. Au fond, puisqu'il ne l'acquiert pas spontanément, il apprend pas à pas la motivation sociale. « C'est bien ce qui est arrivé à Alex, qui a commencé par des renforçateurs classiques : faire des bulles, écouter de la musique, faire du bruit, observer des cercles qui tournent, lancer des balles qui s'allument puis, plus tard, faire tourner des toupies lumineuses, etc. Chez lui, les renforçateurs alimentaires n'ont jamais fonctionné. En revanche, les puzzles et les jeux de société se sont avérés d'excellents renforçateurs. Plus tard, à l'école, l'institutrice a utilisé comme renforçateur les bons points, les tampons sur le cahier, le droit de monter dans la classe en ascenseur, puis, récemment, le droit de se dispenser de la présence de l'AVS : les renforçateurs sociaux et le désir d'autonomie sont devenus naturels pour lui. »

Sachant qu'il y a autant d'autismes que d'autistes, l'éducateur qui pratique l'ABA met au point un programme individualisé, une feuille de route comportant des objectifs propres à l'enfant concerné, de manière individuelle, en révisant régulièrement ces objectifs pour les adapter à son évolution, ses progrès, ses difficultés… Ensuite, les séances fondent l'apprentissage sur la répétition, comme pour les neurotypiques quand ils apprennent une poésie ou les tables de multiplication, ou encore quand ils apprennent à marcher, à s'habiller… Enfin, la pièce dans laquelle on travaille avec l'enfant doit être exempte de stimuli (on se souvient que les autistes sont très sensibles aux stimuli, visuels et sonores, et que cela dévie leur attention).

L'ABA est un véritable travail d'équipe. Deux ou trois éducateurs se relaient à tour de rôle auprès d'un enfant, ils évaluent les résultats obtenus et rapportent le tout à un superviseur, un éducateur plus chevronné, qui corrige, conseille, suggère et permet ainsi de franchir les obstacles. Ils s'appuient également sur les parents, membres « pivots » de l'équipe, puisqu'ils connaissent mieux que quiconque l'enfant et sont le plus en contact avec lui. Non seulement les parents donnent la direction, mais ils sont invités à se former à ces méthodes de façon à poursuivre l'éducation à la maison et à les utiliser dans la vie quotidienne : « Cela nous demande à nous aussi un investissement personnel en temps et en énergie, mais c'est loin d'être une énergie perdue, car on mesure les progrès de Galaad tous les jours », rapporte Aurélie Camm Chapel[1].

Les résultats

« L'ABA n'est pas un produit miracle qui va faire que notre enfant ne sera plus autiste au bout

1. Chaumont M., « À Neuilly, les écoliers autistes ont leur place dans la "classe soleil" », *La Croix*, 12 janvier 2010.

d'un an ou deux. L'ABA ne répond pas à tous les problèmes, mais c'est quelque chose de colossal pour son évolution. » Et le père de Baptiste de continuer : « Pour moi, il s'agit d'un "super-héros". »

Le Pecs, l'ABA et bien d'autres méthodes éducatives que nous ne pouvons toutes évoquer ici, dont le TEACCH (*Treatment and Education of Autistic and related Communication Handicapped Children*, traitement et éducation des enfants autistes ou souffrant de handicaps de communication apparentés), sont mises en œuvre depuis des décennies dans les autres pays occidentaux – pas seulement – et ont largement fait leurs preuves. Ces centaines d'études ont été menées pour évaluer leur efficacité. Avec plus de trente années de recul, notamment en Amérique du Nord et en Scandinavie, on est en mesure d'évaluer la progression permise : les personnes atteintes d'autisme ayant bénéficié de cette éducation structurée sont plus autonomes, moins médicamentées et plus intégrées dans la société que celles qui en ont été privées. N'est-ce pas le plus bel objectif que l'on puisse espérer ?

Ces méthodes sont, cependant, encore peu utilisées en France. En 2012, la HAS (Haute Autorité de santé) a donc décidé de se pencher dessus et, plus largement, sur la question des « interventions éducatives et thérapeutiques coordonnées chez l'enfant et l'adolescent » autistes. Cette autorité publique indépendante, créée en 2005, « contribue à la régulation du système de santé par la qualité », comme elle l'explique elle-même sur son site

Internet. Elle est notamment chargée d'évaluer les médicaments, les méthodes et les soins médicaux. Dans les 60 pages de « recommandations de bonne pratique » sur l'autisme, publiées en mars 2012, elle fait état de 577 études recensées et examinées sur le sujet. Tous les résultats vont dans le même sens et témoignent de l'efficacité des méthodes éducatives et comportementales. Retenons seulement trois résultats que nous trouvons significatifs. Les enfants bénéficiant d'une intervention précoce dès l'âge de 18 mois voient les symptômes autistiques régresser considérablement et gagnent 17 points de QI en moyenne[1] ; 75 à 95 % des enfants ayant bénéficié d'une intervention comportementale précoce et intensive passent le cap du langage[2] ; et 80 % des enfants ayant suivi un entraînement intensif par l'ABA deux années de suite, vers l'âge de 3-4 ans, suivent ensuite un cursus scolaire normal[3]. L'ensemble des études que nous avons consultées en arrivent aux mêmes conclusions. Les programmes Pecs, TEACCH et ABA n'ont pas les mêmes effets sur tous les enfants et, pour certains, l'amélioration

1. Les études ont démontré l'efficacité du modèle développemental de Denver mis au point par Geraldine Dawson et conjuguant intervention précoce et programme éducatif et comportemental intensif. Elles montrent qu'une prise en charge de ce type permettrait d'améliorer le langage ainsi que les facultés cognitives (+ 17 points de QI en moyenne pour une intervention dès 18 mois).

2. Dawson, 2008.

3. Témoignage du Dr Morrow J. E., fondateur d'une école aux États-Unis, pour un début précoce de l'Aba vers 3-4 ans avec un travail intensif en tête à tête de 30 à 40 heures par semaine.

ne se fait qu'à la marge. Mais dans la majorité des cas, les enfants voient leurs symptômes régresser, leurs performances s'améliorer. Les plus lourdement atteints acquièrent un peu d'autonomie et, pour un grand nombre, ils sont en mesure d'aller à l'école avec un accompagnement adapté. Ceux moyennement atteints deviennent plus performants et les plus « légers » suivent un cursus de vie classique.

La Haute Autorité de santé ne s'y est pas trompée et a bien compris tout le parti que l'on pouvait tirer de ces méthodes éducatives : « Les interventions seront fondées sur une approche éducative, comportementale et développementale, qu'il y ait ou non retard mental associé. Les familles et les enfants pourront, par exemple, adopter, avec l'ensemble des professionnels concernés, des interventions fondées sur l'analyse appliquée du comportement, dite "ABA", des interventions développementales telles que mises en œuvre dans les programmes TEACCH. »

Une efficacité chiffrée

Pour qu'elle fonctionne, la prise en charge doit être à la fois intensive et précoce. Intensive, d'une part : avec 10 heures de rééducation par semaine, les progrès sont incertains et fluctuants selon les profils ; avec 25 heures hebdomadaires, minimum recommandé par la HAS, ils sont importants ; avec 40 heures, ils sont stupéfiants.

Précoce, d'autre part: plus la prise en charge intervient tôt dans le développement de l'enfant, plus les chances de réussite sont grandes. Une étude menée à l'université Davis de Californie[1], sur un échantillon de sept enfants, a montré qu'avec une intervention dès l'âge de 6 mois, six d'entre eux ne présentaient plus ou quasiment plus de symptômes de l'autisme à l'âge de 3 ans. Les chercheurs s'accordent à dire que l'intervention devrait idéalement se situer entre 6 et 15 mois. « Plus nous intervenons tôt sur les troubles, plus les capacités d'autonomie et d'adaptation sont augmentées », affirme Sylvie Lemaire, du Centre de ressources autisme de Poitiers. Et s'il est besoin de fournir une preuve des avantages d'une prise en charge précoce, rapportons ce chiffre étonnant: il y a dix ans, 30 %[2] seulement des autistes avaient un quotient intellectuel moyen (85) ou au-dessus. De nos jours, ils sont 66 %[3]. Partout dans le monde, les progrès de la prise en charge s'accompagnent d'une montée du nombre d'autismes de haut niveau. « Une détection précoce de l'autisme est l'outil le plus efficace dont nous disposons actuellement pour faire une différence dans la vie de ces enfants[4] »,

1. Rogers S. J. *et al.*, « Autism treatment in the first year of life : A pilot study of infant start, a parent-implemented intervention for symptomatic infants », *Journal of Autism and Developmental Disorders*, 2014, 44 (12), p. 2981-2995.

2. Fombonne E., « Epidemiology of pervasive developmental disorders », *op. cit.*

3. Baird *et al.*, 2000.

4. « Un enfant américain sur 68 est autiste, soit 30 % de plus qu'en 2012 », *Le Monde.fr*, 27 mars 2014.

affirme le Dr Coleen Boyle, directrice du Centre national des défauts de naissance et des handicaps du développement aux États-Unis.

À l'âge de 2-3 ans, les chances sont encore maximales, car ces méthodes permettent aux enfants d'établir de nouvelles connexions dans un cerveau encore malléable[1] ; à 6 ans, elles sont déjà réduites (d'où l'intérêt d'un dépistage précoce). Car le cerveau de l'être humain n'est pas achevé à la naissance : il continue de se développer et de se transformer de manière essentielle durant les sept premières années de vie. C'est ainsi que plus les enfants sont jeunes, plus ils apprennent facilement une langue étrangère. Dans le bonus du film *Le Mur*, Monica Zilbovicius explique que chez les enfants autistes, l'expertise non sociale (les chiffres, les calendriers, les dinosaures) se développe bien, tandis que l'expertise sociale, pourtant indispensable à la vie en société, ne s'enclenche pas. Il faut profiter de la plasticité du jeune cerveau pour corriger cette déficience de la région du cerveau qui empêche le regard sur les visages et le traitement de la voix humaine, avant qu'elle n'engendre de plus grandes difficultés.

Où sont les éducateurs ?

Il ne reste donc plus aux parents qu'à se tourner très tôt vers des éducateurs spécialisés. Mais voilà : la France a plus de quarante années de retard dans

1. Rogé B., *Autisme, comprendre et agir*, *op. cit.*

ce domaine. Quand elle se range enfin au bon sens international en prônant ces méthodes, d'autres les appliquent depuis longtemps… ce qui explique, chez eux, le très grand nombre d'enfants scolarisés. Car, à ce jour, en France, 77 %[1] des enfants autistes français n'ont pas accès à ces méthodes éducatives et comportementales (quand ils sont 80 %, aux États-Unis, à bénéficier d'une prise en charge qui leur permet de « s'en sortir »). D'après le rapport Létard : « La France connaît, par rapport à de nombreux pays, en particulier les pays anglo-saxons et d'Europe du Nord, un retard important dans l'approche de ces troubles et, par voie de conséquence, dans la mise en place de méthodes d'accompagnement et éducatives adaptées[2]. »

Ce qui n'est pas sans provoquer la colère des parents et des associations familiales, comme Autistes Sans Frontières, qui, eux, sont informés des méthodes « qui marchent » et savent bien où se trouve la porte de sortie pour leur enfant. Selon une étude menée par le site Doctissimo et la fondation FondaMental, dirigée par le Pr Marion Leboyer, auprès de 700 familles, près d'une famille sur deux (44,4 %) se dit mécontente de la prise en charge de son enfant[3].

1. Enquête Autistes Sans Frontières du 12 février au 9 mars 2014 auprès de 200 associations locales et nationales.

2. « Évaluation de l'impact du Plan Autisme 2008-2010 – Comprendre les difficultés de sa mise en œuvre pour mieux en relancer la dynamique », rapport de Valérie Létard, *op. cit.*, p. 8.

3. Journée mondiale de l'autisme, dépêche AFP du 31 mars 2015.

Trop de professionnels français ignorent encore ces méthodes : soit ils ne les connaissent pas, soit ils doutent de leur efficacité, soit ils préfèrent encore – malgré les recommandations de la Haute Autorité de santé – des méthodes qui, elles, n'ont pas fait leurs preuves. Trop de structures d'accueil ne les proposent pas, ou alors à la marge, faisant une place à des éducateurs spécialisés seulement quelques heures par semaines quand, toutes les études le prouvent, il faut les appliquer au minimum 25 heures par semaine et par enfant, idéalement davantage.

La plupart des parents n'ont pas le choix : ils sont contraints de laisser leurs enfants dans des établissements qui pratiquent l'occupationnel et n'ont pas d'objectifs éducatifs. L'enfant ne progresse pas, mais les parents ne trouvent aucune autre structure ou aucun professionnel pouvant l'accueillir. Les intervenants sont si rares que certaines familles se lancent dans une quête effrénée pour « mettre la main » sur l'un d'eux, espérant que celui-ci pourra leur accorder au moins quelques heures de prise en charge par semaine. La situation est si catastrophique qu'elle pourrait se comparer à celle de diabétiques à qui l'on ne proposerait que quelques piqûres d'insuline par semaine ou à des cancéreux qui ne bénéficieraient que de deux séances de chimiothérapie par an. Un pansement sur un bras gangrené.

Qui paie pour les enfants autistes ?

Quand Eddy et Samy ont eu 2 et 3 ans, Sandra a calculé que suivre la prise en charge recommandée par la HAS lui reviendrait à 3000 euros par mois pour ses deux fils, argent dont elle ne disposait évidemment pas puisque, occupée à temps complet par eux, elle était désormais sans emploi.

Car, à ce jour, le coût des prises en charge de type ABA repose principalement sur les familles. « Au CMP (centre médico-psychologique) où Alex était pris en charge, on nous a assuré qu'il ne parlerait jamais, n'irait jamais à l'école, et qu'il ne serait jamais propre. On nous a proposé une prise en charge tous les jours de la semaine, envisageant même une thérapie familiale. Durant toute cette période, Alex n'a fait aucun progrès, mais je n'ai pas déboursé un seul centime : il me suffisait de sortir ma carte vitale pour que la communauté prenne en charge une solution qui bradait la vie de mon fils. Maintenant, mon fils a une prise en charge ABA qui me coûte 40000 euros par an. Financièrement, tout repose sur nos épaules, mais il parle, il va à l'école, il est devenu propre. Il a désormais un avenir, et la société n'aura pas besoin de le prendre en charge quand il sera adulte », nous explique sa mère.

Les familles que nous avons consultées et qui appliquent les recommandations de bonne pratique énoncées par la Haute Autorité de santé en 2012 affirment payer en moyenne 26000 euros – salaire de l'éducateur, charges sociales et intervention d'un superviseur compris – par an et par enfant (certaines ont plusieurs enfants autistes), au-delà parfois : de 30 000 à 70 000 euros quand il faut « bricoler » des solutions scolaires adaptées mais coûteuses, jusqu'à 109 000 euros selon les données du Cese[1], qui s'avance au-delà même de notre estimation.

Bien entendu, toutes les familles n'ont pas les moyens de mettre une telle somme sur la table. Quand les parents le peuvent, ils font subir à la famille une véritable « dégringolade » financière, mais aussi sociale. Quand ils ne le peuvent pas, certains doivent se résoudre à contrecœur à placer leur enfant : dans un IME, un hôpital de jour, où les frais sont intégralement pris en charge par la collectivité. Certaines familles touchent alors le fond. En 2012, une mère a témoigné sur Europe 1[2] : pour financer le traitement de son fils autiste de 5 ans (2 000 euros mensuels), elle a fini par se prostituer…

Certes, des aides existent : remboursement des soins de psychomotricité, d'orthophonie et des frais médicaux annexes (médicaments, IRM, etc.), allocation d'étude de l'enfant handicapé (de 1 500 à 14 500 euros annuels), prestation de compensation du handicap (2 000 euros maximum), crédit d'impôt pour le recrutement d'un employé à domicile. Mais la prise en charge de l'éducation spécialisée ne relève pas de la Sécurité sociale, qui ne rembourse donc ni

1. Les avis du Conseil économique, social et environnemental, « Le coût économique et social de l'autisme », *op. cit.*, p. 20.

2. Roger E. avec Amsili S., « Elle se prostitue pour son fils autiste », Europe 1, 10 décembre 2012.

l'intervention des éducateurs, ni les transports des enfants vers les lieux éducatifs.

On en arrive à des situations absurdes: Carine, à qui on a refusé une prise en charge éducative pour son fils (30000 euros par an), est en revanche intégralement remboursée de ses frais pour le placement de son enfant en Belgique (80000 euros par an pour la prise en charge et 10000 euros annuels pour les frais de transport vers la Belgique). D'après Jeanne Auber[1], auteure d'un ouvrage sur la question, un jeune envoyé en Belgique coûte 60000 euros par an, et la présence de milliers de jeunes Français en Belgique a généré 4000 emplois dans le pays. Dans le même temps, les parents de Galaad paient de leur poche l'éducatrice qui, à mi-temps, le rééduque dans une structure spécialisée et, l'autre mi-temps, l'accompagne à l'école.

Que dire des enfants placés dans des institutions qui ne mettent pas en place les recommandations de bonne pratique? «En 2010, l'État a consacré 1,4 milliard d'euros aux personnes atteintes d'autisme (680 millions d'euros à l'accueil en établissement et services médico-sociaux; 664 millions au versement d'allocations et 55 millions pour l'éducation)[2].» Certains députés, parmi lesquels Daniel Fasquelle, député du Pas-de-Calais, coprésident avec Gwendal Rouillard du groupe parlementaire sur l'autisme, se

1. Auber J., *Les Exilés mentaux, un scandale français*, Bayard, 2014.

2. Les avis du Conseil économique, social et environnemental, «Le coût économique et social de l'autisme», *op. cit.*, p. 4.

sont émus de « l'immobilisme des pouvoirs publics qui, tout en ayant bonne conscience, ne s'attellent pas au problème de la réorientation des fonds publics alloués à la psychanalyse vers les méthodes comportementales[1] ». D'autres pays ont rompu avec l'absurde : « En Angleterre, où je réside actuellement, le traitement de l'autisme par la psychanalyse, étant considéré comme inutile, n'est même pas pris en charge par la sécurité sociale (National Health Service) et, dans les écoles spécialisées pour enfants autistes, la psychanalyse est absente et l'éducation structurée la remplace depuis plus de vingt ans… Il en est de même aux États-Unis, en Suède, au Danemark, en Espagne et dans bien d'autres pays », écrivait déjà Chantal Tréhin, mère d'un enfant autiste, en… 1985[2].

Encore la comparaison oublie-t-elle, ici, un aspect essentiel : l'efficacité que l'on peut attendre des différentes interventions en termes d'autonomie. Car, rappelons-le, la prise en charge intensive des enfants et adolescents avec autisme selon les méthodes dont l'efficacité a été prouvée permet des gains substantiels en matière de quotient intellectuel, d'habiletés dans le domaine de la communication, du langage, des comportements adaptatifs, et une diminution des comportements à problème chez environ 50 % des enfants avec

1. Dossier de presse du Collectif Autisme, avril 2014.
2. Tréhin C., « Autisme et psychanalyse : pourquoi tant d'acharnement ? », *Le Monde*, 18 mars 1985.

TED[1]. Une étude menée en Ontario (Canada) en 2006[2] fournit des renseignements précieux : avec une intervention intensive adaptée, la part des autistes dépendants diminue pour passer de 50 à 20 %, celle des autistes semi-autonomes passe de 25 à 50 % et celle des autistes autonomes progresse de 25 à 30 %. Le résultat est sans appel : plus la collectivité investit sur les méthodes éducatives (26 000 euros par an et par enfant), moins les autistes sont dépendants à l'âge adulte, donc moins ils coûtent cher. Disons même : pour faire des économies massives, l'État doit, de toute urgence, investir dans ces méthodes éducatives qui ont fait leurs preuves, de loin les prises en charge les plus économiques.

De l'autre côté de l'Atlantique, les États-Unis ne s'y sont pas trompés. Évaluant qu'une prise en charge éducative coûte dix fois moins cher qu'une absence de prise en charge, ils financent désormais l'éducation spécialisée des autistes. De son côté, le Parlement québécois a produit un rapport, « Payer maintenant ou payer plus tard : les familles d'enfants

1. HAS (Haute Autorité de santé) et Anesm (Agence nationale de l'évaluation et de la qualité des établissements et services sociaux et médicaux-sociaux), « Autisme et autres troubles envahissants du développement : interventions éducatives et thérapeutiques coordonnées chez l'enfant et l'adolescent. Méthode Recommandations par consensus formalisé », mars 2012, p. 22-23.

2. Motiwala S. S., Gupta S., Lilly M. B., « The Cost-effectiveness of expanding intensive behavioural intervention to all autistic children in Ontario », *Healthcare Policy*, 1 (2), 2006, *in* Les avis du Conseil économique, social et environnemental, « Le coût économique et social de l'autisme », *op. cit.*, p. 17 et suivantes.

autistes en crise[1] », qui montre qu'investir dans l'éducation des jeunes autistes est source d'importantes économies.

Une récente étude[2] sur le réel coût de l'autisme, aux États-Unis et au Royaume-Uni, fournit de nouveaux éléments de comparaison. En tenant compte des coûts médicaux et non médicaux, des services d'intervention, de l'éducation spécialisée, des frais de garde d'enfants et des coûts résidentiels pour les adultes, la prise en charge sur une vie entière coûte désormais de 1,1 million d'euros au Royaume-Uni pour une personne sans déficience intellectuelle à 1,9 million d'euros pour une personne avec une déficience, alors qu'en France, une prise en charge en hôpital psychiatrique, sur une base de 200 000 euros par an sur cinquante-cinq ans, représente un total de 11 millions d'euros pour une vie entière.

La première facette du paradoxe français est donc celle du coût : l'autisme coûte très cher à notre société pour une mauvaise prise en charge, inefficace dans l'enfance et maltraitante à l'âge adulte. Le système est à la fois maltraitant et prohibitif.

1. Le Comité sénatorial permanent des affaires sociales, des sciences et de la technologie, « L'interpellation au sujet du financement pour le traitement de l'autisme. Payer maintenant ou payer plus tard : les familles d'enfants autistes en crise », mars 2007.

2. Ariane V. S. Buescher, MSc ; Zuleyha Cidav, PhD ; Martin Knapp, PhD ; David S. Mandell, ScD, « Costs of Autism Spectrum Disorders in the United Kingdom and the United States », *JAMA Pediatrics*, juin 2014, vol. 168.

Le coût social de l'autisme

À ce coût évident, même s'il n'a jamais été correctement chiffré par les autorités publiques, s'ajoute une part cachée, difficile à évaluer : le coût social. Dès la petite enfance, les parents éprouvent des difficultés à trouver des modes de garde pour leur enfant. L'assistante maternelle, la crèche et l'école ne sont pas disposées à le prendre en charge, quand ils ne renoncent pas sous la pression des autres parents. Pas facile d'identifier une assistante maternelle formée et agréée pour l'accueil d'enfants handicapés, moins encore de trouver une place dans une structure ouverte. Mais si la famille trouve ces professionnels, en plus de renoncer à ce que son enfant se développe parmi ses semblables neurotypiques, elle devra généralement effectuer de longs et coûteux trajets pour aller le déposer et le rechercher, des trajets pas forcément compatibles avec une vie professionnelle à temps complet, quand, faute de solution, l'enfant ne doit pas rester à la maison. Alors l'un des deux parents, la mère le plus souvent, doit renoncer à sa vie professionnelle : pas seulement au salaire qui va avec, mais également à son propre épanouissement.

Car l'autisme a un pouvoir de destruction décisif sur la vie des personnes atteintes et de leur famille. À la charge financière s'ajoutent les conséquences psychologiques de la réduction ou de l'arrêt de l'activité professionnelle, l'augmentation du taux de divorce, l'altération de la santé mentale de la famille, l'isolement qu'engendre la vie avec un enfant autiste :

« Quand vous avez un enfant comme Éva, vous n'êtes plus invités, mais évités », dit le père d'Éva[1]. On évoque souvent la vie difficile de ces adultes qui ont vu leur vie bouleversée par l'accueil d'un parent atteint de la maladie d'Alzheimer. Pourquoi ne parle-t-on jamais de celle de ces parents, encore plus nombreux, prisonniers chez eux d'un enfant autiste qu'ils savent aimer mais pas forcément aider, car ils ne sont pas éducateurs et, comme tout être humain, ne peuvent pas être disponibles 24 heures sur 24, 365 jours par an. Dans les familles les plus fragiles surviennent parfois des infanticides et des suicides, ce qui fait dire à Christel Prado, présidente de l'Unapei et rapporteure au Cese : « Une allocation forfaitaire ne saurait être la seule réponse apportée aux familles. Elle ne peut, en effet, exonérer la société de son devoir de proposer des services adaptés, seuls à même de garantir une réelle égalité de tous les citoyens. Une somme d'argent ne peut pas être la réponse à un problème social. C'est la mobilisation de l'ensemble de la société auprès de ses concitoyens qui peut favoriser la réalisation républicaine d'égalité et de fraternité[2]. »

1. Bourgoin N., *Enfants handicapés : révélations sur les centres qui les maltraitent*, *op. cit.*

2. Les avis du Conseil économique, social et environnemental, « Le coût économique et social de l'autisme », *op. cit.*, p. 21.

5

LE NŒUD DU PROBLÈME : LE TEMPS DU DIAGNOSTIC

VERS 1800, DANS LA forêt aveyronnaise, un groupe de chasseurs réussit à capturer un jeune sauvageon au corps meurtri de cicatrices. L'affaire fit grand bruit : l'enfant semblait avoir miraculeusement survécu loin de tout contact humain, un peu comme un bébé Robinson. Les hypothèses allèrent bon train : comme il ne savait ni parler ni se comporter de manière civilisée, on supposa qu'il avait été abandonné très jeune. Les scientifiques se régalèrent : ils pouvaient enfin observer l'homme primitif dans toute sa splendeur. Puisqu'il ne savait pas parler, Victor, tel qu'on le baptisa, fut pris en charge par l'Institut des sourds-muets de Paris (*sic*), avant que celui-ci se décourage et confie l'enfant au Dr Itard, qui se fixa pour objectif d'en faire un enfant comme les autres.

Pourtant, malgré des efforts constants sur plusieurs années, Victor demeura replié sur lui-même, n'apprit jamais à parler et continua de manifester des troubles du comportement. Cette histoire, que François Truffaut narre de manière poignante dans *L'Enfant sauvage*, prouve que les spécialistes se préoccupaient surtout de savoir qui, de la culture ou de la nature (pour ne pas dire de la sauvagerie), l'emporterait. Le mutisme de Victor faisait s'interroger les spécialistes : avait-il accédé trop tardivement à la civilisation pour être en mesure d'apprendre à parler, ou la cicatrice qui lui barrait la gorge révélait-elle une profonde lésion des cordes vocales ?

Le temps a passé. La communauté scientifique actuelle porte un tout autre regard sur Victor, cet enfant qui regardait sans voir, entendait sans écouter, qui aimait que les objets soient à leur place et mordait quand il était en colère : tout dans la description pointilleuse du Dr Itard tend à montrer que Victor était autiste, un mal alors inconnu des médecins. Victor aurait été un autiste non verbal, un enfant qui, avec le temps, apprit à comprendre certaines consignes mais ne parvint jamais au stade du langage oral. Quel enfermement alors pour ce petit homme, qui ne pouvait raconter son histoire et sa miraculeuse survie, faire entendre ses désirs et partager ses peurs, cet enfant contraint d'arracher les choses des mains pour les obtenir, de frapper, de mordre ou de se mutiler pour évacuer sa frustration.

Cette histoire nous fournit un enseignement précieux : faute de pouvoir apprendre à communiquer, Victor est resté enfermé dans son handicap. Car, comme peut en témoigner Naoki Higashida, « pour vivre une vraie vie, rien n'était plus important que de se faire comprendre[1] ». S'il vivait aujourd'hui, son histoire serait sans doute toute différente, à condition, on l'a vu, que le diagnostic n'ait pas été posé trop tard : l'invention éducative doit être intensive et… précoce.

Parents comme spécialistes s'accordent cependant sur ce point : difficile de poser un diagnostic sur de tout jeunes bébés. Les cas rarissimes de diagnostic très précoce – avant même 6 mois – sont généralement le fait d'une attention particulière accordée à des frères et sœurs d'enfants autistes : comme le handicap est en partie génétique, on peut observer avec attention les bébés pour qui le risque est important.

Au-delà, ce sont généralement les parents qui, les premiers, perçoivent chez leur enfant des comportements « bizarres », surtout lorsqu'ils peuvent comparer l'évolution de leur bébé avec celui d'un aîné. Ainsi, moins d'un an après la naissance d'Eddy, Sandra commence à ressentir de l'inquiétude. Même si c'est son premier enfant, elle sent bien qu'il est trop calme. Un jour, elle remarque que, contrairement aux enfants de son âge, Eddy ne tourne pas la tête à l'appel de son prénom. De son côté, Christelle s'interroge quand, à l'âge de 18 mois, son fils s'arrête subitement de parler. Même en l'absence de références, 95 %[2] des parents d'en-

1. Higashida N., *Sais-tu pourquoi je saute ?*, *op. cit.*

2. Rogers J. S., DiLalla L. D., « Age of symptom onset in young children with pervasive developmental disorders », *Journal of the American Academy of Child and Adolescent Psychiatry*, 1990, 29 (6), p. 863-872.

fants autistes sentent bien que « quelque chose ne va pas ». Certaines mamans racontent comment, dès les premières semaines, elles ont ressenti un malaise dans une relation qui peinait à s'établir. Leur bébé ne réagissait pas quand elles entraient dans la pièce, comme s'il ne remarquait pas leur présence. Et, quand il a commencé à regarder, leurs yeux sont restés dans le vague, jamais tournés vers elles. Parce que les degrés d'atteinte sont variables et parce que les symptômes sont souvent ténus, d'autres parents s'inquiètent plus tardivement du développement de leur enfant, généralement avant son deuxième anniversaire, souvent aux alentours de 15-19 mois. Certains bébés se montrent très passifs, comme s'ils n'entendaient pas les bruits ; d'autres ne regardent pas dans les yeux, ne retournent pas les sourires, ne reproduisent pas les mimiques qu'on leur fait. D'autres n'aiment pas être touchés, caressés, comme si cela leur faisait mal, ou encore ne tendent pas les bras et n'esquissent aucun mouvement au moment d'être portés. Que dire de ceux qui ne babillent pas, ne rient pas, et de ceux qui, plus tard, commencent à parler mais s'emmêlent tardivement dans l'emploi des pronoms personnels (utilisant le *tu* pour parler d'eux-mêmes), s'exprimant d'une voix monocorde ou encore répétant en écho ce qu'ils ont entendu (écholalies), quelques phrases ou groupes de mots qui peuvent alors revenir comme un jingle au cours de la journée (« étoile de mer » ; « tu en veux une autre ? » ; « comment tu t'appelles ? » ; « j'ai un bobo à mon oreille »...).

Bien d'autres indices alertent les parents. Dans telle famille, l'enfant ne pointe pas du doigt pour montrer ce qu'il souhaite, il ne tourne pas la tête quand on lui désigne un lieu ou un objet. Il ne reproduit pas des gestes simples comme saluer, applaudir, se cacher… Dans une autre, il semble ne pas comprendre ce qu'on lui dit et ne sait pas exprimer ce qu'il veut ni partager ce qu'il ressent. Quand il ne manifeste pas un retard dans tous les domaines, refusant les aliments solides, peinant à se tenir assis, puis à marcher, puis à monter et descendre les escaliers, ne s'amusant pas avec les jeux, ne jouant pas à « faire semblant » (de téléphoner, de donner à manger à un nounours…). Plus tard viennent les balancements, les battements des mains, une obsession pour la lumière, un goût immodéré pour les mouvements circulaires et des activités répétitives.

Des pères, des mères nous ont parlé d'enfants absents, muets, silencieux, dans leur coin. D'autres, au contraire, ont évoqué des enfants agités, bruyants, qui ne cessaient de pleurer, de crier. Quand arrivaient les premières intolérances au changement (de position des objets, d'habitude, de trajet), changements même insignifiants qui généraient pourtant des crises d'anxiété, des accès de panique, voire des explosions de colère, leur inquiétude a crevé le plafond.

Et pour brouiller encore les pistes, des variantes existent : si l'autisme se déclare presque toujours dès le début de la vie et est clairement visible avant l'âge de 3 ans, il existe des formes régressives qui atteignent plus tardivement des enfants de 3 ou 4 ans, lesquels, brusquement, après un développement normal, perdent l'usage de la parole, la propreté, le goût des jeux et la communication avec leur entourage pour se retrouver comme « prisonnier dans une bulle ».

Le corps médical dans les limbes de l'autisme

Très vite, Sandra s'est ouverte à la pédiatre de ses inquiétudes concernant Eddy. Celle-ci, attentive, s'est aussitôt montrée rassurante : « Ne vous inquiétez pas, cela va lui passer, chaque enfant se développe à son propre rythme, il va se débloquer, il prend son temps, il va s'éveiller, chaque enfant a son caractère, les parents s'inquiètent toujours pour le premier, c'est normal. » À quelques rares exceptions près, les parents que nous rencontrons nous rapportent tous leur difficulté à faire entendre leur ressenti, leur impression, leur malaise, à partager leurs inquiétudes avec le médecin de famille ou le pédiatre. Ce dernier ne semble pas faire la distinction entre les inquiétudes normales exprimées par tous les jeunes parents et ces alertes qui, pour des professionnels avertis, sont pourtant nettement évocatrices de l'autisme.

À la décharge des généralistes et des pédiatres, leur formation ne les a pas outillés pour reconnaître l'autisme, 94 % d'entre eux ignorent la prévalence de l'autisme : ils l'envisagent comme une maladie rare[1], qui n'affecterait qu'un enfant sur 1 500, voire

1. Sondage OpinionWay pour le Collectif Autisme, avril 2010.

un enfant sur 15000. Ils sont donc persuadés qu'ils rencontreront exceptionnellement des autistes au cours de leur carrière, quand, statistiquement, un se présente à leur cabinet toutes les semaines ! En outre, leurs sept à dix années de cursus universitaire ne comportaient qu'une heure ou deux de cours sur l'autisme et, bien souvent, n'ont pas pris en compte les formidables avancées réalisées dans la connaissance de cette pathologie. C'est un constat navrant et réel, que confirment les pouvoirs publics : « La formation initiale des personnels de santé ne fait pas place à l'autisme[1]. » Ainsi, jusqu'à la récente réforme de l'internat, la question de l'autisme avait été supprimée de la formation des médecins. Depuis la réforme, quelques rapides heures de cours sont consacrées à cette question. Omar, étudiant à l'université Paris-Diderot – il nous a demandé de changer son prénom –, témoigne que « la très grande majorité des étudiants en médecine en France n'ont vu aucun patient atteint d'autisme au cours de leurs études ; et durant l'internat, seuls les psychiatres et les pédiatres (et encore, pas tous !) font des stages avec des patients autistes ». Autrement dit, la plupart des étudiants en médecine – généraliste et toutes les autres spécialités confondues – n'auront jamais vu un patient autiste de leur vie avant de devenir « docteur ». Cette terrifiante carence en formation, croisée avec la complexité, l'hétérogénéité et la

1. Les avis du Conseil économique, social et environnemental, « Le coût économique et social de l'autisme », *op. cit.*, p. 16.

subtilité des symptômes et des types de troubles autistiques, explique pourquoi un médecin sur trois, en France, ne sait pas ce qu'est l'autisme et qu'un sur quatre assimile encore cette pathologie à une psychose[1].

Le résultat est effarant : 30 % des médecins[2] ignorent que l'autisme est une maladie neurologique et pensent qu'il s'agit d'une pathologie mentale, et 47 % n'imaginent même pas que l'autisme est une maladie et l'interprètent comme un comportement asocial (voire le résultat d'une mauvaise éducation). La plupart en ignorent les symptômes, la fameuse triade autistique avec les problèmes de relation sociale, de communication et les stéréotypies et centres d'intérêt privilégiés. Difficile pour eux, dans ce contexte, de reconnaître l'autisme quand ils le rencontrent. Les premiers signes de progrès commencent à venir des pédiatres, mieux sensibilisés à la question du développement de l'enfant, à ses capacités de communication, à ses éventuels déficits intellectuels ou troubles moteurs : ils n'envisagent plus leur profession seulement en termes de maladies et de vaccins, et leur approche devient plus pragmatique.

1. Étude OpinionWay réalisée par téléphone auprès de 200 médecins (100 médecins généralistes et 100 pédiatres) du 4 au 8 mars 2010.

2. Sondage OpinionWay pour le Collectif Autisme, avril 2010.

Le parcours du combattant

Incomprise par la pédiatre, Sandra persiste dans son inquiétude. Elle tente d'obtenir un rendez-vous à l'hôpital. La secrétaire lui répond qu'Eddy est trop petit et qu'il est beaucoup trop tôt pour qu'on s'inquiète. Christelle, elle, voit ses craintes amplifiées lorsque la psychologue de la crèche l'alerte : « Votre enfant n'est pas comme les autres, il n'interagit pas avec les autres enfants, il ne joue pas avec les jeux, vous devriez consulter. »

À force d'insistance, Sandra obtient enfin un rendez-vous au CMP (centre médico-psychologique) de son quartier. Là, une psychologue note la présence de traits autistiques dans le comportement d'Eddy, sans qu'il soit question de s'inquiéter et, surtout, de l'enfermer « dans une case ». Très sereine, elle préconise alors deux séances de 45 minutes par semaine de manière à « ne pas en proposer trop à l'enfant ». Sandra ne se satisfait pas de cette préconisation et tente de trouver de l'aide ailleurs. Elle cherche une orthophoniste et un psychomotricien auxquels demander un bilan. Eddy a 2 ans. La psychologue du CMP la somme d'arrêter immédiatement ses démarches, qui ne feraient que peser sur les développements de son fils. De son côté, Samy vient d'avoir 1 an. Sandra commence à s'inquiéter pour lui aussi. Au CMP, la psychologue lève les yeux au ciel.

Il faut que les parents s'affirment, que les professionnels de la crèche ou les enseignants posent la question d'un retard ou d'un mauvais comportement, qu'un médecin plus averti suspecte soudain un trouble, pour que la famille soit enfin encouragée à partir en quête de réponses. Un psychologue, un pédopsychiatre, une orthophoniste, peut-être les reçoit, à moins qu'ils ne poussent la porte d'un de ces organismes au sigle énigmatique – CAMSP (centre d'action médico-sociale précoce), CMP (centre médico-psychologique), CMPP (centre médico-psycho-pédagogique) et autre CRA (centre de ressources autisme) –, théoriquement chargés de les accueillir et de les guider sur la bonne voie – ce qui, hélas, est rarement le cas. La longue attente avant le premier rendez-vous possible, puis les heures dans la salle d'attente avec d'autres familles angoissées ; des professionnels bienveillants, mais qui n'ont pas toujours eu l'occasion de mettre à jour leurs connaissances et croient encore souvent que l'autisme est une psychose, qui donc nécessite un suivi psychologique. On tâtonne, on hésite, on tergiverse. On ne fait pas passer ces tests, pourtant validés dans le monde entier. On ne pose pas de diagnostic.

Nous entendons la même histoire dans presque toutes les familles. Le temps s'écoule. L'enfant grandit. Des troubles du comportement s'installent : colères, cris, coups… Une nouvelle triade. Les parents ne savent pas vers qui se tourner. La maîtresse n'en veut plus dans sa classe. La directrice explique qu'un enfant, ça s'éduque. Maman arrête de travailler pour garder son fils. Papa redoute de rentrer le soir dans une maison où les angoisses et l'agitation dominent. Impossible d'emmener le petit chez mamie, impossible de recevoir des amis, impossible de le confier à la baby-sitter: la famille s'isole. On annule les vacances. Épuisé par des journées éreintantes, par de longues nuits sans sommeil (les enfants autistes souffrent de troubles du sommeil), le couple craque: 80 % des couples ayant un enfant autiste divorceraient[1] ! Une étude américaine[2] conteste l'ampleur de ces données, mais confirme au moins que le taux de séparation est presque deux fois plus important chez les parents d'enfants autistes que chez les autres parents, et que, si le risque de divorce diminue au fil du temps pour les familles «ordinaires», il n'en est rien pour les parents d'enfants autistes, qui continuent de divorcer de manière constante, quel que soit l'âge de l'enfant, y compris quand celui-ci devient adulte. «Pour les parents d'enfants atteints d'autisme, le stress et le taux de divorce restent élevés tout au long de l'adolescence et de l'âge adulte», explique Geraldine Dawson, de l'université de Caroline du Nord. Ce que confirme une étude britannique[3],

1. Estimation Autisme France, citée par Les avis du Conseil économique, social et environnemental, «Le coût économique et social de l'autisme», *op. cit.*, p. 21.

2. Étude menée en 2010 par Brian Freedman, directeur clinique du Centre pour l'autisme et des troubles connexes, au Kennedy Institute à Baltimore.

3. Knapp M., Romeo R., Beecham J., «The Economic Consequences of Autism in the UK», Foundation for People with Learning Disabilities, 2007.

qui révèle une altération de la santé mentale dans une forte proportion des familles concernées par l'autisme.

C'est décidé, Sandra veut un diagnostic clair. Elle tente d'obtenir un rendez-vous dans un hôpital spécialisé : Robert-Debré, Trousseau, la Pitié-Salpêtrière. On lui explique la longue procédure et lui annonce au minimum dix-huit mois d'attente. Au bord de la crise de nerfs, elle débarque à l'hôpital Robert-Debré avec ses deux enfants sous le bras, exigeant un rendez-vous immédiat. La secrétaire, pourtant habituée aux situations tragiques, se prend de pitié pour Sandra et lui trouve un rendez-vous un mois plus tard.

À ce rythme, le diagnostic tarde. Sandra, elle, a eu de la chance, mais tant d'autres familles attendent. L'enfant atteint ses 4, 5, 6, 7 ans. L'entourage se perd en conjectures, à moins que les parents ne posent eux-mêmes le diagnostic grâce à Internet. On va de rendez-vous en rendez-vous.

Quand le diagnostic est tu

Parfois, l'équipe médicale pose le diagnostic, mais préfère le taire à la famille : « Je ne donne jamais le diagnostic aux parents, avoue un psychiatre qui souhaite rester anonyme, je ne veux pas les effrayer. » Un autre pédopsychiatre nous explique qu'il ne faut rien dire aux parents, car ce serait « enfermer l'enfant dans une pathologie », comme si nommer le trouble figeait l'enfant dans ses problèmes. Plusieurs parents ont entendu des propos pudiques, évoquant une « dépression infantile » ou un « trouble de conduite ».

« Votre fils a des tendances autistiques, mais surtout, n'allez pas à l'hôpital, on vous dirait qu'il est autiste, ce qui n'est pas le cas », a-t-on dit, dans un CMP, à la mère d'Alex. Lequel, six mois plus tard, était diagnostiqué comme autiste sévère à l'hôpital Robert-Debré. Pire, Charlotte – nous avons changé son prénom – nous raconte que les professionnels du centre Alfred-Binet à Paris ont refusé de lui dire de quoi souffrait son fils sous prétexte de préserver le secret médical. Priver les enfants, leurs parents qui les représentent et en sont responsables, d'un diagnostic est cependant contraire à la loi de 2002 relative aux droits des malades, qui consacre le droit au diagnostic et l'accès à toutes les informations concernant sa santé.

Évidemment, quand le diagnostic tombe, il fait peur. Inévitablement, les familles risquent de passer par différentes étapes : le choc, d'abord, comme un coup de massue sur la tête, d'autant plus important que de nombreux pédopsychiatres, peu au fait des progrès scientifiques, ont des paroles malheureuses. « Il ne parlera jamais, il est trop lourdement atteint, faites une croix sur votre enfant », ont entendu les parents de Galaad, à l'hôpital Necker. « Faites le deuil de votre enfant[1] », a-t-on dit à Gersende et Francis Perrin à propos de Louis, dans ce même

1. Perrin G. et F., *Louis, pas à pas*, *op. cit.*

hôpital. Les parents peuvent, alors, se sentir terrassés par l'impuissance.

Heureusement, de plus en plus d'équipes savent trouver les mots qui conviennent, prendre le temps de recevoir les familles, de parler à pas mesurés, d'évoquer d'abord des troubles envahissants du développement (TED) avant de prononcer le mot *autisme*. Alors, au-delà du choc, le diagnostic peut aussi apaiser les parents : car le corps médical a entendu leurs signaux d'alerte, il va enfin agir. Sophie témoigne même : « Ils ont dû me prendre pour une folle. À l'annonce du diagnostic, je leur ai fait un grand sourire, sereine, confiante, soulagée : enfin, une main se tendait dans le brouillard. » Et la mère d'Alex ajoute : « Ça nous a fait du bien de l'entendre. Désormais, on savait contre quoi on se battait. Mon mari et moi avions bien conscience que se mettre la tête dans le sable ne faisait rien avancer. Je dirais même que le diagnostic m'a permis de mieux accepter mon fils, car cela nous apportait la preuve que rien de ce qu'il faisait n'était volontaire. Finalement, rien n'est pire que de ne pas savoir. »

Un bon parcours de diagnostic

Inquiet du retard et du manque de professionnalisme dans le diagnostic de l'autisme en France, l'État a, depuis quelques années, suscité la création d'un centre de ressources autisme (Cra) dans chaque région de France. Il rassemble des équipes,

« pluridisciplinaires, spécialisées et expérimentées[1] », qui ont pour mission de poser un diagnostic rapide, mais aussi d'apporter toute l'information, le conseil et la formation dont peuvent avoir besoin tant les familles que les professionnels de la santé et du secteur social. Dans les faits, le projet a, hélas, échoué, et la réalité est plus contrastée…

Dans un parcours idéal, l'enfant est examiné par des médecins, des psychologues, des pédopsychiatres, des psychomotriciens, des orthophonistes. Ils écarteront d'abord d'autres troubles possibles : surdité, aphasie (incapacité de parler), dyspraxie (problèmes de motricité), troubles obsessionnels compulsifs… Ils procéderont ensuite à des examens ciblés autour de la triade autistique, en utilisant des tests étalonnés avec des scores et des échelles : l'ADI, la CARS, l'ADOS, le M-CHAT… Ils poseront enfin un diagnostic et l'accompagneront d'un descriptif du fonctionnement de l'enfant, de manière à concevoir un programme personnalisé d'interventions. Enfin !

Dans un parcours idéal, l'équipe proposera des consultations avec des spécialistes pour dépister d'éventuelles maladies connexes (épilepsie, par exemple) ou des troubles associés (anxiété, hyperactivité). Elle effectuera des examens complémentaires (prises de sang, scanners ou IRM cérébrales, électroencéphalogrammes, tests génétiques…) qui

1. Bauduret J.-F., « L'autisme : évaluation des actions conduites (1995-2000) : rapport au Parlement », La Documentation française, décembre 2000.

permettront d'explorer quelques-unes des pistes ouvertes par les récents progrès de la science. On sera déjà dans l'action.

« C'est exactement ce qui s'est passé pour Alex, nous dit sa mère. Après une mauvaise prise en charge dans un CMP, il a eu dès l'âge de 3 ans un bon parcours diagnostique à Robert-Debré : pendant deux semaines, il est allé tous les jours à l'hôpital pour passer des tests psychologiques, psychomoteurs, orthophoniques, etc. On lui a aussi fait une IRM, des analyses sanguines, un bilan ORL, un examen de la vue et bien d'autres tests médicaux. Nous avons immédiatement pu mettre en place une prise en charge adaptée. »

Trop de temps perdu

Mais ce parcours idéal relève encore, trop souvent, de la science-fiction. Yohann – ses parents préfèrent que l'on ne donne pas son vrai nom – a 7 ans. Quand elle regarde les petits films qu'elle a faits de son fils, sa mère est stupéfaite. À 8 mois, 10 mois, des signes d'alerte très clairs étaient déjà en place : un regard absent, un enfant qui ne babille pas, ne se tourne pas quand on l'appelle, ne tend pas la main pour désigner un objet. Évidemment, elle ne peut pas en vouloir à son pédiatre : elle sait que seuls quelques experts sont en mesure d'identifier, dès l'âge de 12 mois, des signes ayant valeur d'« alerte absolue », telle l'absence de contact oculaire. Le professeur Richard Delorme, qui dirige un service dédié à l'hôpital Robert-Debré, raconte: «Nous recevons des enfants parfois très jeunes, des enfants à risque, parce qu'ils sont prématurés ou parce qu'ils ont un frère ou une sœur autiste. Certains ont 9 mois, 6 mois et même 3 mois. À ce stade, il s'agit surtout de prévention: nous cherchons à détecter des signes qui nous poussent alors à mettre en place un programme lourd et rigoureux, mais qui a fait preuve de son efficacité.»

La mère de Yohann sait que des tests systématiques effectués sur des fratries d'enfants autistes permettent de détecter précocement l'autisme d'un frère ou d'une sœur: mais Yohann est son premier enfant. Elle comprend bien que le dépistage est difficile dès lors que les enfants ne se développent pas tous au même rythme et que l'autisme revêt des formes variées selon les sujets. Elle sait que, même si le diagnostic peut être posé à l'âge de 2 ans, les professionnels hésitent souvent, certains pour ne pas faire peur aux parents, d'autres parce qu'ils préfèrent attendre la mise en place de la triade autistique, vers l'âge de 3 ans, avec l'apparition de claires restrictions des centres d'intérêt, des préoccupations envahissantes, des comportements stéréotypés et d'une résistance au changement…

Par l'intermédiaire des forums de discussion sur Internet, la mère de Yohann a noué des contacts dans le monde entier avec des parents d'enfants autistes. La plupart lui rapportent que le diagnostic a été posé à 2 ans, 3 ans, 4 ans (et encore, à 4 ans, certains parents sont furieux du retard pris). Si Yohann était né dans une ville des États-Unis, la simple suspicion d'un trouble autistique à l'âge de 12 mois aurait enclenché une prise en charge adaptée. Avant même le diagnostic. Au pire, il aurait subi une rééducation inutile. Au mieux, il aurait déjà fait d'immenses progrès quand le diagnostic aurait été posé. Axelle, 4 ans, a eu la chance de naître aux États-Unis et d'être précocement diagnostiquée. À son retour en France, les progrès étaient déjà tels que le médecin du centre de ressources de l'autisme de Bretagne, à l'hôpital psychiatrique de Brest, s'il n'avait pas eu le dossier en main, aurait hésité à poser un diagnostic[1].

Mais voilà, Yohann est né en France. Son médecin, peu au fait de l'autisme, n'a pas entendu les appels au secours de sa maman. Le CRA enfin contacté a exigé une recommandation d'un professionnel avant de proposer un rendez-vous. Le pédopsychiatre enfin déniché a tergiversé avant d'admettre qu'il y avait peut-être « quelque chose ». Quand il s'est décidé à rédiger une lettre, le CRA avait un planning surchargé : impossible de trouver une date pour un premier rendez-vous avant une année entière. À la crèche, Yohann est passé pour un enfant attardé et coléreux. L'entrée à l'école maternelle a été une catastrophe. L'entrée à l'école primaire n'a pas été possible. Le diagnostic tombe enfin. Yohann a 7 ans. Il a passé sept longues années à s'enfoncer dans l'autisme. Il n'est pas le seul : en

1. Pignard M., « Autisme, restitution de diagnostic : quand l'intérêt de l'enfant et du médecin divergent… », *L'Express*, 14 juin 2014.

France, le dépistage, qui pourrait se faire dès l'âge de 30 mois, intervient en moyenne à l'âge de 6 ans[1], quand la plasticité cérébrale maximale des enfants culmine entre 0 et 7 ans. Un peu comme si l'on attendait, pour diagnostiquer un cancer, que les métastases aient envahi l'organisme.

Cette longue attente a des conséquences désastreuses. N'oublions pas que l'autisme est un trouble envahissant du développement. Plus le diagnostic et la prise en charge tardent, plus le trouble envahit les différentes sphères du développement, compromettant les capacités à s'adapter. Et moins l'on évite la survenue de troubles du comportement qui viennent majorer le handicap. Faute de pouvoir bien communiquer, Yohann a adopté des comportements autodestructeurs, comme se taper la tête contre les murs. Il est devenu violent avec ses jeunes frères et sœurs. Il entre dans de terribles colères, qui conditionnent la vie familiale. Comme en témoigne, avec justesse, l'acteur Francis Perrin, père d'un enfant autiste : « On est envahi ! On pense autisme, on vit autisme, on réagit autisme, on cauchemarde autisme, on respire autisme, on étouffe autisme[2]. »

Les apprentissages ont tardé : Yohann connaît peu de mots, ne reconnaît pas les couleurs, ne sait pas compter. Les déficiences se sont accentuées, les dysfonctionnements se sont ancrés, les comportements

1. Les avis du Conseil économique, social et environnemental, « Le coût économique et social de l'autisme », *op. cit.*, p. 4.

2. Perrin G. et F., *Louis, pas à pas*, *op. cit.*

inadaptés se sont installés : au handicap de départ s'est ajouté un surhandicap. Comme bien d'autres enfants, éconduits de la crèche, de l'école maternelle ou primaire, il vient d'« atterrir » en hôpital de jour. Il traîne toute la journée, tout juste occupé à faire un peu de peinture et de musique, à jouer avec trois cubes, à côtoyer d'autres enfants enfermés dans leur monde. Il n'apprend pas à parler, à lire, à écrire, à compter. Son avenir semble tout tracé : pas de scolarité, pas d'études, pas de formation, pas d'emploi et, si les troubles s'installent, un placement en institution.

La mère de Yohann communique souvent avec Karen qui, elle, vit en Angleterre. Son fils Martin a le même âge que Yohann. Les symptômes étaient plus prononcés chez lui. Mais le diagnostic a été posé quand il avait 2 ans et un programme de rééducation a immédiatement été mis en place. Aujourd'hui, Martin parle, il va à l'école, il a de bons résultats et, même s'il a besoin d'une aide spécifique et d'une rééducation constante, il suit une scolarité quasi normale. Quand les deux femmes parlent d'avenir, Karen imagine pour son fils une vie peut-être solitaire, mais autonome. Elle ne doute pas qu'il aura un métier.

Pourquoi l'avenir de Yohann est-il si sombre ? Parce que, à l'inverse de Martin, on n'a pas profité de son jeune âge et de la grande plasticité cérébrale qui l'accompagne pour permettre à Yohann de créer des réseaux neuronaux capables de suppléer ses déficiences. Yohann a perdu un temps précieux : dans l'autisme, chaque année, chaque mois, chaque jour compte.

Le diagnostic des adultes

La question du dépistage de l'autisme ne se pose pas seulement chez l'enfant. Bien des autistes devenus adultes ne savent toujours pas ce qu'ils ont. Josef Schovanec, atteint du syndrome d'Asperger, titulaire du diplôme de Sciences Po et d'un doctorat en philosophie, raconte volontiers son enfance : celle d'un enfant solitaire et « bizarre », doué mais toujours mis à l'index par ses camarades. À l'âge adulte, soucieux de comprendre sa différence, il est parti en quête d'un diagnostic. A commencé pour lui une longue errance chez les psychiatres. Pourtant, tout est là : la posture, la voix monocorde, l'absence de contact visuel, l'intérêt pour quelques sujets de prédilection étranges, les difficultés à communiquer (savoir saluer, répondre au téléphone, indiquer une destination, se faire aider par un vendeur). Il n'hésite pas à évoquer avec humour sa psychanalyse incongrue (l'analyste faisait silence dans l'attente qu'il communique, ce qu'un autiste ne sait justement pas faire), les diagnostics loufoques (sa hantise des magasins viendrait d'une pulsion de vol) et les propositions aberrantes (le psychiatre lui conseille un séjour dans un institut pour aveugles de façon à apprendre à regarder dans les yeux). Cinq années, c'est le temps qu'il lui a fallu pour qu'un professionnel un peu sérieux évoque enfin le syndrome d'Asperger.

Son cas n'est pas isolé. D'après un sondage réalisé en 2014[1], 77,4 % des autistes interrogés n'ont pas

1. Enquête du Collectif Autisme, du 12 février au 9 mars 2014, auprès de 200 associations locales et nationales.

disposé, ou seulement de manière partielle, d'un diagnostic approprié à l'âge préconisé. Souvent, les personnes concernées restent dans le vague : 50,9 % des adultes avec autisme déclarent ne pas avoir accès, ou seulement de manière partielle, à leur dossier médical, droit que la loi leur accorde cependant. « Avant de savoir que j'étais autiste, je pensais que c'était moi qui ne comprenais rien, que j'étais stupide. Je voyais les autres avoir une vie normale, se marier, et moi, non. On me disait que je souffrais de phobie sociale. Mais je n'avais pas peur des gens, je n'arrivais simplement pas à m'exprimer face aux personnes que je ne connaissais pas. C'est ce qui m'a fait plonger, à la longue, dans une grave dépression peu après l'âge de 50 ans. Elle a duré huit ans et m'a obligée à quitter mon travail d'aide ménagère à la ville de Pau. Un moment difficile à vivre[1]. » Tels sont les propos de Chantal Bellehigue, qui a été diagnostiquée autiste à l'âge de 60 ans !

Même son de cloche chez Éric qui, lui, a attendu l'âge de 48 ans pour enfin avoir un diagnostic de son syndrome d'Asperger. « Jusque-là, je me trouvais différent, pas comme les autres, bizarre, extraterrestre, anormal, voire fou. Un soir, je vois un film, *My name is Khan*, sur un adulte autiste. Cela me saute au visage : voilà, c'est cela, exactement ! Je suis autiste !

C'est une révélation pour moi. Je commence aussitôt des recherches sur Internet, et je tombe sur

1. Mallet J., « L'autisme, un handicap pas toujours bien reconnu », *op. cit.*

un test à faire en ligne. C'est comme si chaque question avait été écrite pour moi. Ensuite, je me bats plusieurs mois avant d'obtenir un véritable diagnostic chez un professionnel.

C'était un choc, un bouleversement, il m'a fallu encaisser le coup. Mais c'était fabuleux : je revoyais différents épisodes de ma vie passée : tous ces quiproquos, ces incompréhensions, ces malentendus. Tout s'expliquait. Tout prenait un sens. C'est comme si j'avais été un petit enfant noir, perdu seul au fin fond de la Chine profonde, qui découvrait soudain, grâce à un livre, qu'il n'était plus le seul vilain petit canard dans le monde. C'est comme si j'avais toujours vécu dans les limbes, dans un monde flou et sombre, et que, subitement, on allumait la lumière. Cela a aussi été un immense soulagement pour ma famille, pour ma mère notamment, qui m'a dit : "Que je suis heureuse de savoir enfin ce que tu as." »

Dans son malheur, Josef Schovanec a eu de la chance : ce savant autiste a su se frayer un chemin dans la vie. Qu'en est-il des dizaines de milliers d'autistes non savants et non diagnostiqués, empêtrés dans des difficultés d'adaptation sociale et de communication ? Ceux incapables de parler ? Ceux incapables d'autonomie ? Ceux qui ne sont pas pris en charge ? Mais aussi tous ceux accueillis dans des établissements médico-sociaux où, en l'absence de diagnostic, ils ne bénéficient pas d'une prise en charge adaptée et sont simplement considérés comme des fous qu'il faut enfermer à vie ?

6
LE RETARD FRANÇAIS

« Dans des temps de tromperie généralisée, le seul fait de dire la vérité est un acte révolutionnaire. »

George ORWELL

RETARD DANS LE DIAGNOSTIC, absence de prise en charge adaptée et efficace, faible scolarisation, mauvaise intégration sociale et professionnelle, hospitalisation au long cours : pourquoi les personnes atteintes d'autisme sont-elles si mal prises en charge en France, quand la communauté internationale semble s'être accordée sur les tests, les méthodes, les actions à mener, avec des résultats si probants ?

La France en pointe dans la recherche ?

Pourtant, la France n'est pas en retard dans tous les domaines. Elle peut même s'enorgueillir de quelques équipes à la pointe de la recherche sur les causes de l'autisme dans des domaines comme la génétique ou la biologie. L'équipe du Pr Thomas Bourgeron à l'Institut Pasteur fut la première à identifier la mutation d'un gène, le Shank3, en cause dans certains cas d'autisme avec déficience intellectuelle. Cette mutation empêcherait le bon fonctionnement des synapses, ces zones de communication entre les neurones, et expliquerait le fonctionnement différent du cerveau de certains autistes.

Son équipe n'est pas la seule à marquer des avancées. Relatons d'abord cette discussion improbable, en 2009, entre deux hommes : le Dr Éric Lemonnier, clinicien spécialiste de l'autisme, alors au CHRU de Brest, et le Pr Yehezkel Ben-Ari, chercheur en neurobiologie à l'Inserm. Le premier évoque par hasard, devant son confrère, les effets paradoxaux du valium qui, au lieu de calmer les angoisses, rend les enfants autistes encore plus nerveux et agités. Le second fait alors le lien avec l'effet de cet anxiolytique sur les personnes présentant un taux élevé de chlore dans les neurones, son domaine de recherche. Y aurait-il un lien entre les deux observations ? Éric Lemonnier et le CHRU de Brest se lancent dans un essai en double aveugle – ni les patients ni les médecins ne savent qui reçoit de vrais médicaments et qui reçoit un placebo. Pendant trois mois, 60 enfants autistes et Asperger de 3 à 11 ans sont ainsi traités avec un diurétique destiné à réduire le niveau de chlore neuronal. Le résultat est spectaculaire : 77 %[1] de ces enfants voient leurs troubles diminuer notoirement, se montrent plus présents dans la relation, commencent à croiser le regard et identifient mieux les émotions. Le Pr Ben-Ari émet alors l'hypothèse que l'autisme pourrait être lié à l'ocytocine, une hormone connue pour favoriser les relations humaines, une hormone qui, sécrétée par la mère au moment de l'accouchement, déclenche le travail, mais aussi abaisserait le taux de chlore intracellulaire, élevé chez le fœtus. Et si certaines mères ne sécrétaient pas d'ocytocine au moment de l'accouchement ? Justement, plusieurs équipes de chercheurs[2] s'interrogent sur une corrélation possible entre l'autisme et les césariennes, ainsi que les accouchements programmés et déclenchés… Passionnante perspective dans laquelle plusieurs équipes européennes et américaines se sont engouffrées.

Mais, déjà, une autre piste s'ouvre. Plusieurs médecins ont constaté que nombre d'enfants autistes souffrent de troubles gastro-intestinaux dont le degré d'atteinte est, curieusement, proportionnel à leur autisme. Ce qui coïncide avec le constat des parents, qui évoquent souvent des diarrhées et des

1. « Au total, 77 % des enfants ayant reçu le traitement ont une amélioration du diagnostic clinique (test CGI : Clinical Global Impressions) », d'après l'article « Un essai clinique prometteur pour diminuer la sévérité des troubles autistiques », Inserm, 11 décembre 2012.

2. « Autisme : l'hormone de l'accouchement contrôlerait l'expression du syndrome chez l'animal », Inserm, 7 février 2014.

douleurs abdominales, mais aussi des atteintes ORL (angines, otites) chez leur enfant dans les mois qui ont précédé les premiers symptômes de l'autisme, notamment dans les formes régressives – celles qui se manifestent brutalement chez des enfants ayant préalablement connu un développement normal. L'histoire d'Andy Bold[1], aux États-Unis, mérite qu'on la raconte. À la suite de plusieurs cures d'antibiotiques pour des otites, ce tout jeune garçon, au développement classique jusqu'alors, se referma subitement sur lui-même pour devenir autiste, en même temps que de gros problèmes intestinaux surgissaient. Après plusieurs années de recherches « sauvages », sa mère se demanda si les antibiotiques n'avaient pas tué une partie de la flore intestinale de son fils pour en laisser fleurir une autre : les clostridium. Avec l'aide d'un médecin, elle traita son fils avec un autre antibiotique, efficace contre les clostridium. Le résultat fut spectaculaire : en quelques jours, Andy redevint propre, accepta qu'on l'habille, commença à s'amuser avec des jouets, à regarder dans les yeux, à embrasser ses parents et à dire quelques mots. Quand, au bout de plusieurs semaines, il fallut renoncer au traitement, qui n'était pas sans conséquence, Andy sombra à nouveau dans l'autisme.

Bien sûr, faute d'études suffisantes, ces coïncidences n'ont, pour le moment, qu'une faible valeur

1. Gruner M., Sumpton C., *L'énigme de l'autisme : la piste bactérienne*, Canadian Broadcasting Corporation, diffusé sur Arte le 27 mars 2015.

scientifique. Mais comment ne pas faire le lien avec les progrès dans la connaissance physiologique, qui considèrent désormais la flore intestinale comme un organe à part entière ? Que dire de la découverte de la présence de tissu neuronal dans les intestins qui ferait du « deuxième cerveau » un des acteurs du bon fonctionnement du système nerveux central ? Tout se passe comme si une perturbation de la flore intestinale nuisait au fonctionnement cérébral d'enfants ayant par ailleurs une propension génétique à l'autisme.

Les premières expériences en laboratoire ont porté leurs fruits. Ici, des chercheurs élèvent des rats qui, sous l'effet de certains acides gras sécrétés par des bactéries intestinales, ont subitement adopté des comportements autistiques : absence d'interactions sociales, comportements répétitifs, agitation… Là, d'autres scientifiques ont nourri des souris « autistes » avec des bactéries qui faisaient défaut à leur flore intestinale et ont constaté une nette amélioration de leur comportement, en même temps qu'une atténuation de leurs troubles digestifs.

D'ailleurs, des familles en Amérique du Nord et en Scandinavie sont parvenues à améliorer durablement le comportement de leurs enfants en modifiant leurs habitudes alimentaires pour rééquilibrer la flore intestinale, notamment en leur faisant suivre des régimes sans produits laitiers et sans gluten ou en leur donnant régulièrement des probiotiques. Pour l'instant, aucune étude scientifique suffisante n'est venue prouver l'intérêt d'un régime sans gluten et sans caséine, et la communauté scientifique prône la réserve : modifier l'équilibre alimentaire d'un enfant ou d'un adolescent n'est pas anodin et, tant que le rapport entre l'efficacité de tels régimes et les risques encourus n'aura pas été finement étudié, la plus grande prudence s'impose[1].

En France, c'est à la bactérie Borrelia que des chercheurs se sont intéressés. Contractée principalement lors d'une morsure de tique, elle est en grande partie responsable de la maladie de Lyme. Or, tout comme l'autisme, la maladie de Lyme connaît une expansion fulgurante dans le monde : une véritable épidémie qui en fait la deuxième maladie infectieuse la plus fréquente aux États-Unis[2] (après le sida), et qui, en Europe, toucherait particulièrement la France (2 ‰[3] de la population alsacienne serait porteuse de la bactérie). Des expériences de traitement de cette maladie par des antibiotiques ont eu des effets inattendus, avec une forte régression, si ce n'est la disparition des symptômes autistiques chez plusieurs enfants[4].

1. HAS et Anesm, « Autisme et autres troubles envahissants du développement : interventions éducatives et thérapeutiques coordonnées chez l'enfant et l'adolescent », *op. cit.*, p. 37.

2. Selon le Center for Disease Control and Prevention (CDC), l'agence américaine de protection de la santé publique.

3. INRS, « Borrelia, agent de la borréliose de Lyme », décembre 2012, www.inrs.fr/eficatt/eficatt.nsf/(allDocParRef)FCLYME?OpenDocument.

4. Par exemple : Planche P., Botbol M., « Maladie de Lyme, syndrome autistique et traitement antibiotique : une réflexion à partir d'un cas », *Annales médico-psychologiques*, 2013, 171 (10), p. 711-715.

De son côté, sur six ans, un réseau d'une dizaine de médecins français a traité 200 enfants autistes avec des anti-infectieux contre la Borrelia : 160 ont vu leurs symptômes fortement régresser[1]. Enfin, en 2014, les chercheurs du Biozentrum de l'université de Bâle[2] sont ainsi parvenus à « remettre en état de fonctionnement » une transmission synaptique déficiente chez les autistes. Et si, demain, avec un simple cachet, les autistes voyaient disparaître pour la journée les effets de leur autisme ?

Une porte s'entrouvre : certaines bactéries franchiraient-elles la barrière entre le système sanguin et le cerveau pour causer des dommages dans les structures cérébrales et contribuer à l'émergence de l'autisme ? Certaines maladies infectieuses augmenteraient-elles la vulnérabilité à l'autisme ? Celui-ci pourrait-il être déclenché par une bactérie ? C'est ce que pense le Dr Robert Bransfield, psychiatre, qui affirme que 20 à 30 % des autismes pourraient provenir de cette infection à Borrelia et pourraient être traités et guéris[3]. Plus prudent, le Dr Louis Teulières,

1. Enquête présentée dans le *19/20* de France 3, le 17 février 2012.

2. Des chercheurs du Biozentrum de l'université de Bâle ont pu mettre en évidence un dysfonctionnement, spécifique de l'autisme, dans les connexions neuronales. Selon les résultats publiés dans la revue *Science*, en septembre 2012, cité par la RTS, 17 septembre 2012.

3. Bransfield R. C., Wulfman J. S., Harvey W. T., Usman A. I., « The association between tick-borne infections, Lyme Borreliosis and autism spectrum disorders », *Medical Hypotheses*, 2008, 70 (5), p. 967-974.

infectiologue, précise : « Certaines infections, certaines inflammations chroniques sont un cofacteur aggravant de l'autisme. Mais il est trop tôt pour les envisager comme un facteur déclenchant de l'autisme. Je suis néanmoins intimement persuadé que l'inflammation pourrait s'avérer être la clé entre des facteurs divers et éparpillés. »

Cette nouvelle voie donne cependant à rêver : et si, demain, on pouvait faire disparaître les symptômes de l'autisme par un simple traitement antibiotique, anti-inflammatoire, antifongique… ? On croirait nager dans l'utopie, mais ce ne serait pas une première. Rappelons-nous la syphilis, cette maladie sexuellement transmissible responsable d'atteintes neurologiques, longtemps passée pour une maladie psychiatrique. Au XIXe siècle, on enfermait les patients atteints dans des asiles. De nos jours, on leur donne des antibiotiques. Plus près de nous, l'ulcère à l'estomac était encore, il y a peu, traité comme une maladie psychosomatique liée au stress. On sait désormais qu'il est causé par une bactérie qu'un simple traitement antibiotique terrasse. Le célèbre Pr Luc Montagnier, titulaire du prix Nobel de médecine pour sa codécouverte du virus responsable du sida, le VIH, s'est jeté à corps perdu dans cette piste bactérienne de l'autisme aux côtés de médecins français rassemblés dans le groupe Chronimed. L'avenir s'annonce passionnant.

La recherche française progresse donc à la pointe sur la scène internationale. Elle le ferait plus encore si les budgets alloués n'étaient pas si maigres :

avec quelques centaines de milliers d'euros, on est très loin des 500 millions sur cinq ans octroyés à la recherche sur la maladie d'Alzheimer par l'Agence nationale de la recherche.

Le mal français

Mais ce faible intérêt des pouvoirs publics pour l'autisme n'explique pas à lui seul l'immense retard pris dans notre pays dans le traitement de l'autisme. Le mal français commence en réalité dès la définition de l'autisme. Imaginons un monde où notre bonne vieille grippe serait appelée « rhume » aux États-Unis, « petite fièvre » au Canada, « mal des cinq jours » en Espagne et « influence » en Belgique ! Ou encore un monde où le terme « cancer » désignerait indifféremment toute grosseur dans ou sur le corps : les tumeurs, les ganglions, les inflammations, les boutons de moustique… Les médecins y perdraient leur latin ! Dès la fin du XIXe siècle, les besoins de la communication entre professionnels, thérapeutes mais aussi chercheurs ont fait émerger l'idée de définitions communes des pathologies. Ainsi est née la classification internationale des maladies (CIM) qui, sous l'égide de l'Organisation mondiale de la santé, a réuni, sous l'appellation « Troubles envahissants du développement » (TED[1]),

1. Pour les mêmes raisons, l'American Psychiatric Association a mis au point, pour les troubles mentaux et cognitifs, un *Manuel diagnostique et statistique des troubles mentaux* (*Diagnostic and Statistical Manual of Mental Disorders*, DSM-V, à sa cinquième

l'autisme de Kanner, le syndrome d'Asperger et d'autres pathologies dans un même continuum : des troubles qui affectent le développement de l'enfant dans les domaines de l'interaction sociale, de la communication et des intérêts et activités stéréotypées. Ce que l'on appelle communément l'« autisme ».

Le monde entier s'accorde ainsi sur ce qu'est l'autisme. Le monde entier ? Sauf un petit village d'irréductibles Gaulois, celui de certains psychiatres français d'obédience psychanalytique, qui contestent ces définitions internationalement reconnues et leur préfèrent une classification[1] propre à l'Hexagone. Ils contestent notamment l'existence d'un continuum de pathologies depuis l'autisme jusqu'à des troubles moins perceptibles et préfèrent s'en tenir à l'autisme, tel qu'observé par Leo Kanner en 1943 : « Si on met tout ensemble dans le même sac, [...] subrepticement, le mot *autisme* revient à tout le monde. On est dans une confusion terminologique extrêmement grave[2] », affirme Bernard Golse, pédopsychiatre,

version), auquel les psychiatres du monde entier se réfèrent. Pour l'ensemble des pathologies, notamment pour l'autisme, ces deux classifications, la CIM et le DSM, se recoupent largement et leurs auteurs travaillent à les faire converger davantage. Le DSM-V utilise l'appellation TSA (troubles du spectre autistique) : les deux appellations recouvrent une même réalité.

1. Classification française des troubles mentaux de l'enfant et de l'adolescent établie par le Centre technique national d'études et de recherches sur les handicaps et les inadaptations et révisée en 2012 : la CFTMEA-R-2012.

2. Conférence à l'université de Bordeaux Segalen, 16 avril 2013, www.youtube.com/watch?v=QQPoLULh9m8.

psychanalyste et chef de service en psychiatrie infantile à l'hôpital Necker-Enfants malades de Paris, qui rejette ainsi quarante années de recherches et de découvertes sur la pathologie.

Les « spécialistes » français auraient-ils raison contre le monde entier ? Eux-mêmes n'en sont pas persuadés, et un nombre faible, mais croissant, se détourne de la classification française. En effet, elle ne va pas sans poser problème. Sur la forme, on voit mal l'intérêt de se doter d'une classification propre, propre surtout à semer la confusion lors des échanges internationaux. Sur le fond, on se demande pourquoi gommer soixante-dix années de progrès dans la connaissance scientifique de la pathologie pour s'en tenir aux travaux de Leo Kanner et à sa définition antédiluvienne de l'autisme, proposée en outre à partir de l'étude de seulement quelques cas. Et comment limiter la définition de l'autisme à une partie de la pathologie (les cas graves) : où poser une frontière claire entre l'autisme de Kanner et les autres formes d'autisme, entre l'autisme français et le reste des troubles envahissants du développement, tant chaque forme de ces pathologies est proche de la suivante ?

Alors, que devons-nous faire de cette définition franco-française ? Dans une tribune publiée par *Le Monde*, Franck Ramus, directeur de recherche au CNRS, nous indique la voie de manière savoureuse : « Je vous demande d'imaginer une situation où les diabétologues français, convaincus d'avoir raison contre tous les autres diabétologues du monde, mais peu soucieux de confronter leurs idées et de les soumettre à l'examen critique de leurs pairs, publieraient leurs travaux et leurs théories dans des revues et des ouvrages français publiés et lus uniquement par eux-mêmes, et éditeraient leur propre classification des maladies uniquement en français, pour usage en France. [...] Leur diabétologie française aurait bien sûr des conséquences sur la manière dont le diabète est diagnostiqué, traité, et sur la manière dont les patients sont pris en charge en France. Des conséquences en l'occurrence dénoncées par un certain nombre d'associations de patients diabétiques. Vous trouvez ce scénario invraisemblable ? C'est pourtant exactement ce qui se passe au sein de la psychiatrie française[1]. »

D'ailleurs, en 2004, le Conseil de l'Europe a épinglé la France, lui rappelant que « la définition de l'autisme retenue par la plupart des documents officiels français [...] est toujours restrictive par rapport à celle de l'Organisation mondiale de la santé, et que nombre de statistiques nécessaires à l'évaluation rationnelle des progrès réalisés au fil du temps font toujours défaut[2] ». En 2010, dans un rapport qui a fait du bruit, la Haute Autorité de santé a alors tranché : « Dans le cadre des troubles envahissants du développement (TED), la classification interna-

1. Ramus F., directeur de recherches au CNRS, « Peut-il y avoir une exception française en médecine ? », *Le Monde.fr*, 26 septembre 2012.

2. Résolution ResChS(2004)1 adoptée par le Comité des ministres le 10 mars 2004, lors de la 875e réunion des délégués des ministres du Conseil de l'Europe.

tionale des maladies (CIM-10) est la classification de référence. […] Toute autre classification doit établir des correspondances par rapport à elle[1]. »

D'irréductibles Gaulois

La différence de définition serait sans importance si elle ne marquait une différence profonde dans la manière d'aborder la pathologie. Pour un grand nombre de psychanalystes, l'autisme est une réaction du nouveau-né qui, face à une mauvaise relation avec sa mère, fait le choix de se replier sur lui-même. La théorie a été élaborée dans les années 1960 par Bruno Bettelheim[2], un professeur des sciences de l'éducation à l'université de Chicago, qui entrevoyait des similitudes entre le comportement des enfants autistes et la sidération de certains détenus dans les camps de concentration, où lui-même avait été interné durant la Seconde Guerre mondiale. Faisant une analogie avec son vécu, il accusa les parents, les mères surtout, de se montrer froides, indifférentes à leur enfant : l'autisme était une réaction de protection de ces enfants victimes de « mères réfrigérateurs », des mères qui, plus ou moins consciemment, avaient

1. Haute Autorité de santé, « Autisme et autres troubles envahissants du développement. État des connaissances hors mécanismes physiopathologiques, psychopathologiques et recherche fondamentale », janvier 2010, p. 25.

2. Bettelheim B., *The Empty Fortress: Infantile Autism and the Birth of the Self*, Free Press, 1967 ; *La Forteresse vide*, NRF Éditions Gallimard, 1969.

« des désirs de mort vis-à-vis de cet enfant nouveau-né[1] ». Avec lui, l'autisme sortait de la médecine organique pour entrer dans le champ de la psychanalyse. L'idée, simple, efficace, plut d'autant plus que la proportion élevée d'enfants autistes parmi les prématurés semblait la confirmer : ces enfants ne seraient-ils pas nés précocement parce que leurs mères les avaient « expulsés » ?

Cependant, aucune donnée scientifique ne vint jamais étayer cette hypothèse. Aucune expérience ne porta ses fruits. Leo Kanner, « inventeur » de l'autisme, reconnut même, en 1972, être en partie responsable de l'émergence de cette rumeur d'une responsabilité maternelle, car il avait laissé penser que la description objective des symptômes par les parents d'enfants autistes s'apparentait à de la froideur. Il fallut se rendre à l'évidence : alors que les neurobiologistes produisaient les premières découvertes sur le cerveau des autistes, la théorie de Bruno Bettelheim connut, dès la fin des années 1960, un rapide déclin outre-Atlantique, avant d'être rapidement récusée partout dans le monde.

Le monde entier ? Sauf chez les psychanalystes français, qui continuèrent, comme le Pr Pierre Delion, de considérer que Bruno Bettelheim avait fait « un travail de pionnier tout à fait exemplaire » et ne se lassèrent pas d'accuser les mères de ne pas aimer leur enfant. On entendit des expressions

1. Bogopolsky Y., *in* Robert S., *Le Mur, la psychanalyse à l'épreuve de l'autisme*, *op. cit.*

terribles comme « mères crocodiles », « mères tortionnaires »... Geneviève Loison, psychanalyste, pédopsychiatre référente à Lille, explique : « J'ai vu des mères abandonner en fin de grossesse, des mères dépressives aussi, des mères dans le *baby blues* après, [...] qui sont elles-mêmes dans le vide et qui mettent l'enfant dans le vide relationnel[1]. »

Bien sûr, il fallut se rendre à l'évidence : les mères d'enfants autistes ne souhaitaient pas la mort de leur enfant. Bien plus, elles se montraient présentes, chaleureuses. Dans les années 1960-1970, le psychanalyste français Jacques Lacan proposa alors une nouvelle théorie : l'autisme résultait d'une relation trop fusionnelle, quasi incestueuse, entre une mère psychogène et son enfant dont elle refusait qu'il naisse, qu'il se sépare d'elle. Bref, la maman n'était plus trop « froide » mais trop « chaude », elle n'était plus « toxique et mortifère » mais « vorace et castratrice ». Dans les deux cas, l'enfant plongeait dans le vide pour se protéger, pour s'extraire d'une relation toxique ou d'un envahissement. De toute façon, les mères sont coupables : « Le bébé autiste a souffert d'une chose très simple. Sa maman, qui peut être fort aimante au demeurant, n'a pas pu transmettre le sentiment du cadeau qu'il était pour elle et qui, dès lors, lui donnait sa place dans le discours qu'elle

1. Robert S., *Le Mur, la psychanalyse à l'épreuve de l'autisme*, *op. cit.* © *Le Télégramme* – Plus d'informations sur http://www.letelegramme.fr/france/autisme-un-plan-catastrophique-21-02-2014-10045201.php.

lui adressait, voire qu'elle lui chantait[1] », déclarait récemment le cofondateur de l'Association freudienne internationale.

Et tandis que le monde entier archivait la psychanalyse, dans le domaine de l'autisme comme dans bien d'autres, la France – et une partie de l'Amérique latine –, seule contre tous, abandonnait la pathologie psychiatrique aux psychanalystes. Car la France est le pays au monde où il y a le plus de psychanalystes par habitant : 9 500[2] des 14 000 psychiatres français environ fondent leur travail sur la psychanalyse, au point que la sociologue américaine Sherry Turkle a parlé d'« exception française[3] ». Jacques Constant, psychiatre, compare, lui, l'autisme à « un pays sous mandat colonial psychiatrique[4] ».

Pour les psychanalystes, l'autisme est un « mode de réaction du sujet qui très tôt dans son histoire logique [...], en réponse à ce qui vient d'envahissement du monde et de l'autre, se ferme, se met dans une bulle et refuse d'entrer dans les mécanismes de la parole [...] plus encore dans les mécanismes subjectifs[5] » : pour le psychanalyste Alexandre Stevens,

1. Melman C., psychanalyste, cofondateur de l'Association freudienne internationale, *in* « Autisme. Un plan catastrophique », *Le Télégramme*, 21 février 2014.

2. Laroche P., « La psychanalyse nuit gravement à votre santé... », *Mediapart*, 30 novembre 2013.

3. Turkle S., *La France freudienne*, Grasset, 1982.

4. Julienne M. et Blanchard M., *Autistes : une place parmi les autres ?*, *op. cit.*

5. Stevens A. *in* Robert S., *Le Mur, la psychanalyse à l'épreuve de l'autisme*, *op. cit.*

il s'agit même d'un « choix du sujet[1] ». Ce que semble confirmer Marie-Christine Laznik, psychanalyste, quand elle évoque tel ou tel « petit bébé qui a déjà un bon pied dans l'autisme, qui se demande si ce n'est pas la pente qu'il va suivre, parce que ça se construit, l'autisme[2] ». Et le Dr Jean-Robert Rabanel, psychiatre et psychanalyste, d'enfoncer le clou : « L'autisme infantile primaire, c'est un enfant qui refuse de vivre, qui ne répond à aucune sollicitation et qui se laisse mourir devant vous. [...] Là, on a un sujet qui, ostensiblement, délibérément, tourne le dos à la vie et se laisse mourir[3]. »

Certes, Bernard Golse, psychanalyste et pédopsychiatre, nous rassurerait presque : « Aucun psychanalyste raisonnable ne pense plus, aujourd'hui, que cette pathologie si grave et si douloureuse puisse s'expliquer uniquement par des causes relationnelles[4]. » Uniquement ? Mais quel élément vient étayer cette théorie d'une cause même partiellement relationnelle de l'autisme ? Soucieux de rendre leurs

1. Stevens A., « Autisme : psychanalyse ET éducation », *La Règle du jeu*, http://lareglедujeu.org/2012/03/08/9197/autisme-psychanalyse-et-education. Mais aussi intervention lors d'un après-midi clinique débat organisée par l'Association de la cause freudienne le 26 janvier 2013 à Lorient, http://www.youtube.com/watch?v=Ml0Ys_4ZFyE.

2. Laznik M.-C., *in* Robert S., *Le Mur, la psychanalyse à l'épreuve de l'autisme*, *op. cit.*

3. Rabanel J.-R., « De quoi parlons-nous quand nous disons "autisme" ? », conférence à l'Institut du travail social de la région Auvergne, le 11 avril 2013.

4. Golse B., « Autisme, et si l'État se mêlait de ses affaires ? », *Libération*, 27 avril 2010.

propos plus conformes aux dernières découvertes neuroscientifiques et génétiques de l'autisme, des professionnels s'essaient à jeter des ponts : « L'autisme est un retrait relationnel qui va entraîner très rapidement des conséquences sur le plan neurologique. Si un enfant n'écoute pas les voix de ses parents parce qu'il y a un retrait relationnel, il va sûrement abîmer cette région de son cerveau, parce qu'il n'y aura pas assez de sang qui sera envoyé quand on utilise cette région du cerveau[1] », explique très sérieusement Marie-Christine Laznik, psychanalyste et fondatrice de l'association Préaut (programme de recherches et d'études sur l'autisme).

On se heurte ici à une manière sensiblement différente d'aborder l'autisme. Alors que les scientifiques la conçoivent comme une pathologie neurologique, qui affecte physiquement le cerveau, du fait d'une prédisposition génétique et de facteurs environnementaux déclenchants, les psychanalystes l'abordent comme une maladie de la psyché, une psychose infantile : une maladie psychologique grave (plus grave que la névrose), une « organisation pathologique de la personnalité liée à une perturbation dans le contact affectif[2] ». Sur le fond, le plus grand nombre de psychanalystes français voient l'autisme comme une rupture avec la réalité, marquée par des idées délirantes et des hallucinations.

1. Laznik M.-C., *in* Robert S., *Le Mur, la psychanalyse à l'épreuve de l'autisme*, *op. cit.*

2. Despert L., *Schizophrenia in children*, R. Brunner, 1968.

Or les autistes peinent à entrer en contact avec le monde extérieur, avec les autres, certes, mais ils ne se forgent pas un monde imaginaire. L'autisme n'a pas plus de raisons d'être intégré dans la catégorie des psychoses que le diabète ou le cancer. Par ailleurs, « aucune étude rigoureuse n'a jamais montré qu'une attitude particulière de la mère ou que la dépression maternelle puisse augmenter la susceptibilité à l'autisme[1] », affirme Franck Ramus. « Ce qu'on peut reprocher [aux psychanalystes], c'est de se référer à un modèle théorique de maladies mentales qui n'a aucune validité scientifique[2]. » L'autisme ne fait pas figure de cas isolé : la schizophrénie, le trouble bipolaire, les addictions, désormais, échappent eux aussi au champ d'action possible de la psychanalyse.

Les mères acquittées ?

En 2010, la Haute Autorité de santé a mis un point final à cette théorie : « Contrairement à ce qui a pu être cru dans le passé, il n'y a pas, à ce jour, de preuve supportant l'hypothèse que l'autisme serait causé par une éducation parentale déficiente ou inadaptée. [...] La théorie selon laquelle un dysfonctionnement relationnel entre la mère et l'enfant serait la cause du TED [trouble envahissant du

1. Ramus F., « Autisme et psychanalyse : de bons et de moins bons arguments », *SPS*, n° 300, avril 2012.
2. *Ibid.*

développement] de l'enfant est erronée. » Avec près de quarante années de retard, la France se rend enfin à l'évidence.

L'idée d'une responsabilité des mères dans l'autisme de leur enfant s'est tant enracinée dans l'imaginaire collectif que nombre de médecins la reprennent encore, tel le Dr Aldo Naouri, pédiatre : « La plupart du temps, le symptôme de l'enfant n'est ni plus ni moins que le symptôme qui lui est imparti d'avoir par l'inconscient maternel principalement, parce que les enfants sont dans une relation très très très perméable dans leur communication avec leur mère[1]. » Combien de mères d'enfants autistes, « acquittées » depuis des décennies par les progrès de la science, continuent de se sentir coupables de la pathologie de leur enfant : « Je sais bien que je ne suis pour rien dans l'autisme de Stéphane, mais je ne peux pas m'empêcher de culpabiliser : mon premier enfant est décédé de la mort subite du nourrisson, peut-être que je n'ai pas été meilleure mère avec Victor ? » nous raconte Françoise, au bord des larmes, malgré trente années de recul.

En 2007, déjà, le Comité consultatif national d'éthique avait clairement dénoncé : « Le drame de l'autisme représente un exemple particulièrement douloureux des conséquences que peuvent avoir des théories sur les causes d'un handicap ou d'une maladie en termes de souffrance humaine et de

1. Dr Naouri A., *in* Robert S., *Le Mur, la psychanalyse à l'épreuve de l'autisme*, *op. cit.*

respect de la personne. Les théories psychanalytiques de l'autisme [...] ont conduit à une mise en cause du comportement des parents, et en particulier des mères, décrites comme des "mères frigidaires", "mères mortifères", dans le développement du handicap. Considérer la mère comme coupable du handicap de son enfant, couper les liens de l'enfant avec sa mère, attendre que l'enfant exprime un désir de contact avec le thérapeute, alors qu'il a une peur panique de ce qui l'entoure [fait] mesurer la violence qu'a pu avoir une telle attitude, les souffrances qu'elle a pu causer, et l'impasse à laquelle cette théorie a pu conduire en matière d'accompagnement, de traitement et d'insertion sociale[1]. »

Dès lors, on pourrait, avec le Pr Gilbert Lelord, spécialiste internationalement reconnu de l'autisme et du développement de l'enfant, conclure qu'« hélas, à partir des années 1960, une formidable vague d'obscurantisme a déferlé sur ce trouble pour l'arracher à la médecine, encore perceptible aujourd'hui », mais se réjouir de ce que « l'autisme de l'enfant a désormais réintégré la médecine qu'il n'aurait jamais dû quitter[2] ». Et le Pr Jean-Luc Harousseau, président de la Haute Autorité de santé, de lancer un appel à la profession : « Je pense

1. Comité consultatif national d'éthique pour les sciences de la vie et de la santé, avis n° 102 « Sur la situation en France des personnes, enfants et adultes, atteintes d'autisme », 2007, p. 5.

2. Lelord G. (Faculté de médecine de Tours), « Quoi de neuf sur l'autisme ? », *La Lettre des neurosciences*, *Bulletin de la Société des neurosciences*, automne-hiver 2011, n° 41, p. 10.

que les psychiatres doivent maintenant se remettre en cause[1]. »

Séparer les enfants de leur mère « toxique »...

Évidemment, la conception psychanalytique de l'autisme entraîne une vision particulière de la manière d'appréhender ce qui n'est plus vu comme un trouble neurodéveloppemental responsable d'un handicap, mais comme une maladie de la psyché : la psychanalyse va tenter de réparer cette psyché et la relation de l'enfant avec le monde.

Les premières thérapies proposées aux enfants autistes l'ont été dans les années 1950, 1960 et 1970, à l'époque prometteuse où la psychanalyse, au faîte de sa splendeur, cultivait des solutions aux souffrances de l'humanité entière. Bruno Bettelheim, celui-là même qui croyait que l'autisme était une réaction de protection de l'enfant contre une mère mal aimante, fut le premier promoteur d'une formule radicale qui connut ses heures de gloire : séparer les enfants de leur milieu familial pour les accueillir dans un foyer conçu non comme un hôpital psychiatrique, mais comme une maison familiale. À sa suite, et en pleine époque post-soixante-huitarde, plusieurs thérapeutes tentèrent des expériences communautaires,

1. Conférence de presse de la HAS et de l'Agence nationale de l'évaluation et de la qualité des établissements et services sociaux et médico-sociaux (Anesm) sur le rapport présentant la prise en charge des enfants et des adolescents atteints d'autisme, 8 mars 2012.

choisissant souvent de s'installer à la campagne pour que l'enfant bénéficie d'un environnement sain et serein. Ces « séjours de rupture » pouvaient être provisoires ou s'éterniser. Bien que les soignants se soient régulièrement enthousiasmés sur de prétendus progrès des enfants ainsi soustraits à leurs parents, aucun ne parvint à « sortir » un seul enfant de son autisme : l'échec se révéla patent pour qui voulait bien ouvrir les yeux. La communauté internationale dans sa quasi-totalité tourna le dos tant à ce type d'expériences qu'à la théorie de la « mère réfrigérateur ».

Pourtant, en France, l'expérience continue de faire des petits. Si la communauté des psychanalystes a – peu – progressé dans le regard porté sur les mères, on trouve encore des soignants et des centres qui sous-entendent – pas toujours discrètement – la nocivité de ces dernières pour leurs enfants autistes. Dans son documentaire *Le Mur*, Sophie Robert a interviewé des psychanalystes qui prônent encore cette attitude, telle Geneviève Loison, qui présente un jouet en plastique en affirmant : « Voilà le crocodile. Le crocodile nous indique tout de suite de quoi il s'agit. [Les enfants] jouent avec. Quand ils mettent la main ou un objet dedans, je suis inquiète. Quand ils se mettent dessus et quand il tape dessus, je suis rassurée : ils se battent. Le crocodile, c'est le ventre de la mère, c'est "les dents de la mère". [...] Tout le but de notre travail, c'est de lui interdire de manger[1]. »

1. Loison G., *in* Robert S., *Le Mur, la psychanalyse à l'épreuve de l'autisme*, *op. cit.*

Ailleurs, à la sortie de l'hôpital de jour pédiatrique d'un grand centre parisien, des parents nous ont confié leur malaise. Christine raconte: «Quand je dépose Maelys le matin, je ne peux pas l'accompagner jusque dans sa salle. Elle doit franchir la porte seule et se rendre par ses propres moyens à l'espace de soins. C'est horrible. On nous explique que les parents, les mères surtout, ne doivent pas s'y rendre. À chaque fois, j'ai l'impression qu'il faut préserver ce lieu d'une contamination par des mères pathogènes.»

Recoller un «moi» fragmenté

Ailleurs, ce n'est pas sur la relation avec la mère que la thérapie se concentre, mais sur la nécessité de réparer ce qu'elle a entraîné comme dégâts: la «fragmentation du moi» avec des «angoisses de morcellement». Il faut l'avouer, ici, malgré tous nos efforts, nous n'avons pas tout compris. Le *Lacan Quotidien* – la lettre d'information de l'École de la cause freudienne, la frange «dure» mais majoritaire de la psychanalyse – nous est tombé des mains quand nous avons lu que la fascination de deux jeunes patients pour les machines avait donné «figure, dans le réel, à un corps non bordé, pour ensuite travailler sur une forme plus apaisante d'élaboration des limites corporelles, par la représentation et la fabrication, c'est-à-dire par un travail sur la matérialité des objets et des supports[1]». On ne doit pas parler la même

1. Leblanc V., «Des enfants-machines?», *Lacan Quotidien*, 27 février 2012, n° 165, p. 4.

langue ! Cela nous ferait rire si la prise en charge des 100 000 enfants autistes n'était pas encore en grande partie le fait des psychanalystes.

Cette quête d'une enveloppe corporelle obsède certains thérapeutes jusqu'à l'incongru. Pénélope nous a rapporté que son fils rentrait chaque soir de l'hôpital de jour avec des griffures jusqu'au sang : l'équipe soignante refusait de couper les ongles d'un autre enfant autiste pour ne pas « altérer son intégrité physique ».

Cette idée d'une mauvaise perception de son corps est à l'origine de plusieurs « méthodes thérapeutiques », dont la fameuse « pataugeoire thérapie ». Comme dans une simple piscine de jardin, mais sous l'œil « expert » des thérapeutes, les enfants sont plongés dans un petit espace aquatique, auquel on confère un contenu alchimique : « L'eau est un médium particulièrement intéressant dans le travail thérapeutique auprès d'enfants envahis par les archaïsmes de la pensée et du comportement ; par sa matérialité même et sa malléabilité, elle permet à l'enfant de se représenter ses propres "théories archaïques" sur le fonctionnement du monde. Par la manipulation de l'eau à la pataugeoire, l'enfant met en acte, mais aussi, avec l'aide des soignants, transforme et élabore des ressentis originaires restés en l'état. L'espace de la pataugeoire avec ses objets sursignifie une topographie et devient pour l'enfant, en miroir, un corps dont il est possible d'explorer progressivement les différentes fonctions[1]. » (*sic*)

1. Latour A.-M., « La pataugeoire : un corps à explorer et connaître », *SNUP*, 9 novembre 2010, 159 (4).

Ailleurs, on préfère une autre méthode, qui, il y a peu, défrayait encore la chronique : le *packing* ou enveloppement corporel humide. Elle consiste à envelopper des enfants autistes (pas seulement eux, d'ailleurs) dans des draps humides et froids. Pour les partisans de ce procédé, le *packing* offre différents bénéfices. D'une part, l'enveloppement apaise les tensions et les angoisses. Pour les psychanalystes, il contribuerait à découvrir les limites de son corps, mais permettrait aussi de sortir symboliquement du ventre de sa mère pour renaître enfin libéré d'elle. D'autre part, le froid fait réagir le corps, qui monte en température, provoquant alors une intense détente : des praticiens affirment qu'au cours de ces séances, certains enfants gravement autistes sont soudain capables de nouer une véritable communication avec les personnes présentes dans la pièce.

Pour les détracteurs du *packing*, non seulement l'intérêt de cette thérapeutique n'a jamais été scientifiquement validé, mais la méthode s'apparente à un traitement inhumain et dégradant, voire à une violente torture : c'est ainsi que les États-Unis la considèrent. Rappelons que la très archaïque douche glacée est, elle, parfaitement interdite, car considérée comme une forme de maltraitance. Les critiques sont d'autant plus violentes que, pour certains autistes qui souffrent d'une hypersensibilité au toucher, le contact avec un linge froid provoque sûrement d'intenses souffrances. On rapporte aussi que, ici ou là, les linges auraient été placés dans un congélateur, pour atteindre la glaciale température de – 18 °C. Enfin, des enfants auraient été traités par *packing* sans l'accord des parents, ce qui contrevient à la loi qui autorise les patients (ou leurs parents) à s'opposer à un traitement.

La cause a finalement été tranchée par la Haute Autorité de santé en 2012: «En l'absence de données relatives à son efficacité ou à sa sécurité, du fait des questions éthiques soulevées par cette pratique et de l'indécision des experts en raison d'une extrême divergence de leurs avis, il n'est pas possible de conclure à la pertinence d'éventuelles indications des enveloppements corporels humides (dits "packing"), même restreintes à un recours ultime et exceptionnel. En dehors de protocoles de recherche autorisés respectant la totalité des conditions définies par le Haut Conseil de la santé publique (HCSP), la HAS et l'Anesm sont formellement opposées à l'utilisation de cette pratique[1].» Fin de l'histoire? Certains parents affirment cependant que le *packing* continuerait d'être pratiqué en cachette sur leur enfant… Mais l'Onu vient, début 2016, d'en demander l'interdiction.

En faire «le moins possible»

Pour en savoir davantage, nous avons cherché à visiter différents centres de soins pour enfants

1. HAS et Anesm, «Autisme et autres troubles envahissants du développement: interventions éducatives et thérapeutiques coordonnées chez l'enfant et l'adolescent», *op. cit.*, p. 32.

autistes, mais nous n'avons pas été les bienvenus. Notre présence risque-t-elle de perturber les enfants présents ? Ou les équipes en place préfèrent-elles que nous ne voyions pas comment elles travaillent ? Nous devons nous contenter des reportages diffusés dans les médias et des témoignages des parents.

Dans un documentaire diffusé en 2014, *À ciel ouvert*, Mariana Otero filme le quotidien dans un de ces instituts, le Courtil, situé à la frontière franco-belge. « L'idée inaugurale de cette institution est que les enfants en souffrance psychique ne sont pas des handicapés à qui il manquerait quelque chose pour être comme les autres. Au contraire, au Courtil, chaque enfant est avant tout considéré par les intervenants comme une énigme, un sujet qui possède une structure mentale singulière, c'est-à-dire une manière originale de se percevoir, de penser le monde et le rapport à l'autre. Les intervenants, en abandonnant tout a priori et tout savoir préétabli, essaient de comprendre la singularité de chaque enfant afin de l'aider à inventer sa propre solution, celle qui pourra lui permettre de trouver sa place dans le monde et d'y vivre apaisé[1]. »

L'idée semble prometteuse, mais nous suivons pas à pas ces enfants dans cet internat tranquille, qui semble fonctionner comme un centre de loisirs : sans projet éducatif directeur, sans résultat apparent.

1. Extraits du site Internet consacré au film : http://www.acielouvert-lefilm.com/p/le-film_17.html.

On y fait du théâtre, de la musique, de la cuisine, des jeux dans le jardinet. On y déjeune, on y raconte des histoires, on y dort le soir. Les soignants se montrent bienveillants, les enfants n'ont pas l'air malheureux. Certes, les enfants tentent de surmonter leurs troubles du comportement, mais ils stagnent dans l'autisme sans trouver de porte de sortie. Une chape de tristesse émane de chaque image : que deviendront ces jeunes à l'âge adulte ? Le Dr Alexandre Stevens, psychiatre et psychanalyste, fondateur de ce centre, semble lui-même dépassé quand, venu évaluer un jeune bientôt en âge de quitter le Courtil, il se montre peu enclin à le suivre dans ses espoirs d'autonomie : « On ne sait pas bien ce qui sera possible pour lui et pour la suite[1]. »

Dans la plupart des établissements de ce type, au Courtil en Belgique comme à la Rose Verte à Alès, on propose des activités : atelier peinture, atelier comptines, atelier marionnettes, atelier chansons, atelier théâtre… Ici, ailleurs, les enfants attendent, passent dans des tunnels, bouchent des trous ou, au contraire, creusent, pratiquent des jeux d'eau, des débordements, des transvasements. Pourquoi ne pas s'appuyer sur leur fascination pour les objets qui tournent et organiser un atelier toupies ? Quel enfant peut se construire un avenir en se contentant de jouer ? Et surtout, quel enfant surmonte son autisme par ces activités ?

1. Stevens A., *in* Robert S., *Le Mur, la psychanalyse à l'épreuve de l'autisme*, *op. cit.*

Le film de Mariana Otero témoigne de la manière dont la psychanalyse aborde l'autisme : les soignants tentent de démêler les états émotionnels des patients et se montrent présents pour le cas où ils voudraient communiquer. L'initiative, la demande, doit venir de l'enfant : il faut qu'il exprime un désir de contact avec le thérapeute. Nous écoutons les éducateurs expliquer que ces enfants, des « sujets psychotiques », ont le sentiment que le monde entier leur en veut et que, pour se protéger, ils disent « non ». Qu'en conséquence, il faut avoir envers eux une « demande pratiquement nulle ». La même approche sous-tend les thérapies psychanalytiques proposées en cabinet ou en centre de jour : « Avec un enfant autiste, j'en fais très peu… Je pose mes fesses, je me mets à côté de lui et j'attends qu'il se passe quelque chose, et j'oublie, j'essaie d'oublier tout. J'oublie le temps. J'oublie qu'on est pressé par le temps pour qu'il acquière le langage. J'oublie tout. Parce que je me dis qu'à partir du moment où je suis dans cette espèce d'apesanteur, il risque de se passer quelque chose que je ne peux pas prévoir. […] Moi, si l'enfant ne fait rien de la séance, et si je somnole à côté de lui, ça m'est égal. Je suis habitué à cela dans mon travail de psychanalyste », affirme Laurent Danon-Boileau, psychanalyste au centre Alfred-Binet à Paris et chercheur au CNRS[1]. Qui ne rêverait pas d'un métier pareil !

1. Danon-Boileau L., *in* Robert S., *Le Mur, la psychanalyse à l'épreuve de l'autisme*, *ibid*.

Quand il a 10 ans, Hugo manifeste soudain des accès de violence. Nous avons déjà parlé de ce petit garçon, qui a bien bénéficié des séances de Pecs et d'ABA et mène jusque-là une scolarité normale. Du jour au lendemain, le voilà devenu agressif, avec des épisodes de violence contre sa mère, des gestes d'automutilation. Le médecin pense d'abord qu'il ne supporte plus son traitement médical et l'arrête. Mais Hugo continue d'avoir des épisodes violents, durant lesquels il casse tout à la maison. Puis il fait une fugue. La police, les voisins, tout le monde le cherche. Sa mère le retrouve finalement, blotti dans un fossé, perdu : comme après chaque épisode de violence, il n'a aucun souvenir de ce qui s'est passé et se demande ce qu'il fait là. Hugo est hospitalisé. On demande à ses parents de ne pas venir le voir trop souvent. Là, Hugo est livré à lui-même, malgré son manque d'autonomie dans la vie quotidienne. Christelle retrouve son fils sale, avec des vêtements et des sous-vêtements inchangés depuis des lustres. Quand elle se décide à donner une douche à son fils, la couleur de l'eau lui retourne l'estomac. Mais le bilan tombe comme un couperet : « Hugo est autiste, lui assure la psychiatre, il le fait exprès. » Il souffre de surstimulation, on lui en fait trop faire, sa place est en hôpital de jour. Il a besoin de ne rien faire pour se retrouver. Comment expliquer autrement ses troubles subits du comportement ? On finit par le laisser sortir de l'hôpital et, sur l'insistance de sa mère, qui s'est bien documentée, on prescrit à Hugo des antiépileptiques. Le résultat est immédiat : Hugo

– quoique marqué par l'épreuve qu'il vient de subir – redevient le petit garçon qu'il était. Les épisodes violents (dont, comme pour une crise d'épilepsie, il ne gardait aucun souvenir) disparaissent, les mauvais comportements se calment et Hugo repart à l'école. Heureusement que sa mère n'en fait pas le moins possible.

On se souvient de Galaad et de Louis, que des pédopsychiatres avaient condamnés à une vie d'emmurés : « Il ne parlera jamais, faites une croix sur votre fils » et « Faites le deuil de votre enfant », ont entendu leurs parents. Ailleurs, c'est la mère d'Hugo Horiot qui entend le même son de cloche : « On a dit à ma mère de faire le deuil de son enfant. De l'abandonner en hôpital psychiatrique. Il n'y avait apparemment pas de place pour son fils dans ce monde-là. Je ne correspondais pas aux standards, ni aux attentes. Distant, lointain, silencieux, trop sage. Énigmatique. Pas assez volontaire, pas assez rapide, pas assez participatif, pas assez motivé. Je ne parlais pas, je fuyais le regard des autres et je tournais des roues. Toute la journée. Les autres étaient mon problème. Le silence, ma terre d'asile[1]. »

Pourtant, de nos jours, Galaad et Louis se sont épanouis, ouverts, ils parlent, ils vivent leur vie d'enfant. Hugo Horiot est devenu écrivain, comédien et réalisateur. Heureusement que leurs parents ne

1. Discours d'Hugo Horiot au gala Autistes sans frontières, le 16 avril 2015.

les ont pas confiés à des thérapeutes qui en font « le moins possible »…

La psychanalyse à l'épreuve de la science

À la question « Qu'est-ce qu'un enfant autiste peut raisonnablement attendre de la psychanalyse ? », le Pr Pierre Delion explique, sans détour : « Ce n'est pas une question à laquelle je peux répondre, ce n'est pas une question de psychanalyste. » Quant à Laurent Danon-Boileau, il répond par un grand silence et se gratte la tête avant d'ajouter : « Le plaisir de s'intéresser à une bulle de savon, je ne peux pas vous répondre autre chose[1]. »

En 1985, déjà, des psychiatres britanniques, dans une tribune publiée dans *Le Monde*, rappelaient à leurs homologues français : « Aucune étude objective, indépendante et sérieusement menée sur les bénéfices que peuvent retirer les enfants autistes, ou leurs parents, des techniques psychanalytiques n'a jamais été effectuée. Les preuves dont nous disposons suggèrent qu'elles sont à la fois onéreuses et inefficaces[2]. » Or depuis la Renaissance (XVe-XVIe siècle) et sous l'égide de Galilée, la science a cessé de mélanger les faits scientifiques, l'imaginaire et les croyances religieuses, elle s'est dégagée de la magie pour se fonder sur l'observation, le raisonne-

1. Danon-Boileau L., *in* Robert S., *Le Mur, la psychanalyse à l'épreuve de l'autisme*, *op. cit.*

2. Dr E. L., « Des psychiatres britanniques prennent position », *Le Monde*, 24 avril 1985.

ment et l'expérimentation : le savant doit prouver ce qu'il avance. Si les astronomes et les chimistes se sont rapidement mis au pas, la médecine a mis presque cinq cents ans à affirmer l'importance d'une *Evidence-Based Practice*, une « pratique fondée sur la preuve ». Désormais, on ne juge plus un traitement à l'aune de sa propre capacité à y croire ou à le comprendre, mais aux résultats obtenus. Ainsi, on ne met plus de ventouses dans le dos des patients atteints d'une pneumonie, car rien n'a jamais prouvé que cela apportait quelque bénéfice que ce soit. L'Organisation mondiale de la santé confirme l'importance de cette perspective : les traitements apportés aux patients doivent être fondés sur l'état le plus avancé de la science et sur l'évaluation des méthodes utilisées. Et la situation est également valable dans notre pays : « Tout traitement en France doit pouvoir faire l'objet d'une évaluation scientifique[1]. »

Or la pratique fondée sur la preuve manque à la psychanalyse, qui tarde à prendre en compte les progrès scientifiques sur la nature de la pathologie et ne fournit aucune évaluation chiffrée de sa pratique, chaque thérapie étant envisagée comme une expérience unique : « Le principe d'évaluation à partir de normes est radicalement opposé à notre démarche ! La relation avec le patient, on ne peut pas l'évaluer. [...] Je suis opposé aux normes à base de statistiques et de chiffres que les

1. Marisol Touraine, ministre des Affaires sociales et de la Santé, à propos du *packing*, sur BFMTV, le 10 juillet 2014.

comportementalistes tentent d'imposer. Elles ne prennent pas en compte la singularité de chacun[1]. » Pourquoi cette absence de recherche ? Jacques Lacan expliquait lui-même en son temps : « La psychanalyse n'est pas une science. [...] C'est un délire – un délire dont on attend qu'il porte une science. On peut attendre longtemps[2] ! » Ou encore : « Notre pratique est une escroquerie : bluffer, faire ciller les gens, les éblouir avec des mots [...]. C'est quand même ce qu'on appelle d'habitude du chiqué[3]. » Voilà pourquoi, dans les années 1980, le monde entier a rejeté la psychanalyse. Mais : « En France, le vrai débat sur l'efficacité des psychothérapies n'a jamais pu avoir lieu à cause de l'intransigeance d'une majorité des psychanalystes totalement fermée à toute discussion scientifique et au principe même d'une évaluation de leur pratique. Leur "résistance" s'explique aisément : dans les pays où le débat sur les théories et les pratiques psychanalytiques a pu avoir lieu, elles ont été abandonnées, laissant ainsi la place aux méthodes d'inspiration cognitivo-comportementale évaluées et validées[4]. »

1. Dr Bokobza H., « Autisme : les psychanalystes vont entrer en résistance », entretien mené par Manon Quinti, *L'Express*, 18 mars 2012.

2. Lacan J., « Ornicar ? Bulletin périodique du champ freudien », 1978, 14, p. 9, *in* Axelrad B., « Autisme : les "délires scientifiques" des psychanalystes », *SPS*, janvier 2012, n° 299.

3. Conférence de Jacques Lacan à Bruxelles, 26 février 1977, publiée dans *Quarto*, 1981, n° 2.

4. « Autisme : le jour se lève pour les approches scientifiques », *SPS*, avril 2012, n° 300.

Surmontant la colère et les éclats de voix de nombreux praticiens, une expertise collective réalisée par l'Inserm a évalué de manière comparative différentes approches psychothérapiques sur diverses pathologies, et a conclu : aucune analyse ne permet d'établir que l'approche psychanalytique fait progresser les personnes atteintes[1]. La Haute Autorité de santé a récemment rappelé : « L'absence de données sur leur efficacité et la divergence des avis exprimés ne permettent pas de conclure à la pertinence des interventions fondées sur les approches psychanalytiques[2]. » Face à l'autisme, les professionnels doivent mettre en place, avant l'âge de 4 ans, des interventions globales personnalisées visant « le développement du fonctionnement de l'enfant et l'acquisition de comportements adaptés dans plusieurs domaines, en priorité dans les domaines suivants : sensoriel et moteur, communication et langage, interactions sociales, émotions et comportements [3] ». Et Dominique Maigne, directeur de la HAS, ajoute : « Plus de trente ans après l'introduction des approches psychanalytiques, il n'y a actuellement aucune donnée permettant d'affirmer la pertinence de ces approches. En conséquence, je profite de cette occasion pour m'adresser

1. Inserm, expertise collective, *Psychothérapie. Trois approches évaluées*, Les éditions Inserm, 2004.

2. HAS et Anesm, « Autisme et autres troubles envahissants du développement : interventions éducatives et thérapeutiques coordonnées chez l'enfant et l'adolescent », *op. cit.*, p. 27.

3. *Ibid.*

aux psychiatres, pour leur dire qu'il est temps qu'ils se remettent en question[1]. »

Freud fait de la résistance...

Comme l'a dit Albert Einstein, lui-même atteint du syndrome d'Asperger : « Il est plus facile de briser un atome que de briser un préjugé. » Ainsi, l'approche psychanalytique de l'autisme reste majoritairement implantée en France – en France seulement, car, partout ailleurs, les méthodes éducatives ont été adoptées. En France, la plupart des accompagnants dans l'autisme (psychologues, orthophonistes, psychomotriciens, éducateurs spécialisés) ont été formés aux théories de la psychanalyse. Certes, un nombre croissant d'institutions forment désormais leurs équipes au dépistage et au diagnostic de l'autisme, puis à sa prise en charge, suivant les recommandations de la HAS. Ils sont chaque jour plus nombreux, ceux qui se rendent à l'évidence de l'efficacité d'une prise en charge précoce et active par les méthodes de rééducation. Mais « malgré les travaux actuels infirmant définitivement les thèses psychogénétiques qui évoquaient les relations défaillantes avec la mère, encore trop nombreux sont les médecins, les psychologues et plus généralement les professionnels de l'enfance et du travail social qui

1. Conférence de presse de la HAS et de l'Anesm sur le rapport présentant la prise en charge des enfants et des adolescents atteints d'autisme, 8 mars 2012.

refusent de remettre leur savoir en question et de le faire évoluer[1] ».

Certains psychiatres et psychanalystes remettent ouvertement en cause les avancées scientifiques. Les parents d'Axelle, 4 ans et demi, racontent la réaction du pédopsychiatre chargé d'évaluer l'autisme de leur fille : « Nous avons commis l'imprudence de citer le Dr Lemonnier [qui mène des recherches sur le chlore neuronal], avec qui nous avons également pris contact, étant intéressés par son programme expérimental et cherchant à en savoir plus avant de décider si cela pourrait aider Axelle. Le Dr Botbol a alors pris à témoin ses deux collaboratrices en leur disant : "Je savais bien qu'il y avait un truc", [...] tout en martelant que l'expérience du Dr Lemonnier avait été jugée non probante par la science[2]. »

D'autres psychiatres et psychanalystes critiquent les méthodes éducatives, sous prétexte qu'il s'agirait d'un véritable « dressage » au cours duquel, par de longues et fastidieuses séances, on façonnerait l'enfant autiste en petit être civilisé et normé, adapté à « notre » monde, au risque de « faire taire son inconscient » qui l'a amené à « s'enfermer dans sa bulle ». « En France, une mère thérapeute est une "mère crocodile qui enferme dans une méthode",

1. « Évaluation de l'impact du Plan Autisme 2008-2010 – Comprendre les difficultés de sa mise en œuvre pour mieux en relancer la dynamique », rapport de Valérie Létard, *op. cit.*, p. 22.

2. Lettre de M. et Mme Annibal au conseil départemental de l'ordre des médecins du Finistère, 17 mai 2014, citée dans *The Autist*, le blog de Magali Pignard, « Autisme, restitution de diagnostic : quand l'intérêt de l'enfant et du médecin divergent... », le 14 juin 2014.

fabrique un “enfant robot” avec des “recettes de mère qui ferait mieux de rester à sa place”[1]. »

Certes, apprendre à un enfant à se laver, à s’habiller, à manger seul, à bien se tenir, à faire ce qu’on lui demande, à demander poliment ce qu’il souhaite peut être appelé « dressage » mais surtout « éducation ». N’est-ce pas ce que nous, parents, faisons avec tous nos enfants, autistes ou pas ? Est-ce naturellement qu’ils mangent des salsifis au lieu de se gaver de bonbons et qu’ils portent de grosses chaussettes en laine en hiver au lieu de marcher pieds nus ? Est-ce spontanément qu’ils se mettent en rang pour entrer dans la classe en silence, s’asseoir à la place qui leur a été dévolue et rester les bras croisés à apprendre des heures durant leurs tables de multiplication ? Ou leur imposons-nous notre volonté ? Et dans ce cas, le faisons-nous par esprit de tyrannie ou bien parce que nous savons que, pour leur bien, nous devons les mener à un maximum de compétences et d’autonomie avant l’âge adulte ? Pour résumer, quand les psychanalystes imaginent qu’ils doivent dialoguer avec une jambe malade, les partisans des méthodes éducatives proposent une rééducation pour pallier une jambe défaillante.

L’opposition de certains thérapeutes, mais aussi des personnels médicaux, sociaux et éducatifs, va si loin que des parents ayant opté pour les méthodes éducatives et ayant refusé à juste titre le

1. Ferry A.-S., « Mon fils est autiste : j’ai pu le faire progresser grâce aux formations comportementales », *L’Obs Le Plus*, 19 avril 2015.

placement de leur enfant dans un hôpital de jour ou son internement dans un lieu qu'ils jugeaient incompétent ont été condamnés pour « défaut de soins ». Sophie Janois, avocate, témoigne de cette histoire incroyable.

« Aujourd'hui des familles peuvent se voir arracher leurs enfants aux motifs que les mères seraient à l'origine de leurs troubles, voire les inventeraient. En effet, des rapports rédigés par des professionnels de l'enfance non formés, dont le contenu est parfois dénué de bon sens et frôle le ridicule, incitent les juges à placer les enfants. Souvent et fort heureusement, un juge averti résiste et prononce un non-lieu à assistance éducative et refuse de placer l'enfant. Parfois, hélas, un juge moins averti peut être influencé par ces rapports empreints de références psychanalytiques…

C'est ce qui vient de se produire dans l'affaire Rachel, du prénom de la maman que je défends. Cette affaire est devenue le symbole de cette injustice dénoncée par plus de 145 associations intervenant sur la question de l'autisme. En l'espèce, un "pédo" psychiatre s'est vu confier l'expertise des trois enfants et même des parents. Alors que l'autisme avait été diagnostiqué pour l'un et suspecté pour les deux autres enfants, l'expert a balayé d'un revers de la main cette réalité. Rachel serait "beaucoup trop attachée à une représentation invalidante et alarmiste de ses enfants qui développeraient des comportements préoccupants (excitation excessive, agressivité, énurésie, troubles du sommeil et du transit alimentaire), outre les risques de prises en charge médicales abusives". Pour résumer, il est reproché à Rachel d'être convaincue, sans raison, que ses enfants sont atteints de troubles autistiques, ce qui nuirait à leur sécurité psychique, leur épanouissement personnel et leur équilibre affectif.

Cette mère aimante s'est vu arracher ses trois enfants confiés aux services de l'aide sociale à l'enfance. L'une, de 9 ans, vit aujourd'hui dans un foyer pour adolescents, les deux autres de 6 et 4 ans dans une pouponnière. Ce en violation des textes internationaux visant à protéger les fratries des séparations. Ce contre l'avis de médecins particulièrement reconnus en matière d'autisme qui ont alerté sur les terribles conséquences d'un tel acte[1]. »

Trois enfants autistes attendent donc de retrouver leur mère, leur vie, et le suivi dont ils ont besoin. Le cas de cette famille n'est pas isolé. Certains psychiatres ou directeurs d'établissement spécialisé utilisent même la menace : soit vous nous laissez votre enfant, soit vous devrez répondre devant un tribunal de l'accusation de défaut de soins[2]. Par deux fois, à Nice où elle vivait, puis à Créteil où elle s'était réfugiée, Véronique a réussi à obtenir un non-lieu et a ainsi conservé la garde de son fils Valentin, qu'elle avait décidé de maintenir à la maison pour

1. Janois S., « Enfants autistes en France : entre droits bafoués au quotidien et combats acharnés des parents », *Le Huffington Post*, 12 août 2015.

2. Saget E., « Autisme : la guerre des traitements », *L'Express*, 2 mars 2012.

lui donner l'enseignement qu'il aurait dû recevoir à l'école. « Encore aujourd'hui, j'ai peur qu'on vienne m'enlever mon fils, confie Véronique Gropl, 51 ans. Je n'ai plus de valise prête pour partir à la moindre alerte, mais je reste sur le qui-vive[1]. » Dans sa très sérieuse enquête pour *L'Express*, Estelle Saget évoque d'autres cas : une pédopsychiatre qui, quand les parents retirent leur fils de son établissement, alertent les services sociaux pour un bobo prétendument non soigné (cinq mois d'enquête), un hôpital qui fait un signalement quand une famille marocaine décide qu'il est temps pour leur enfant de 12 ans d'apprendre à lire et à écrire. De notre côté, nous avons interviewé Cathy, accusée de « Münchhausen par procuration » (elle inventerait des maladies à ses enfants) : devant la justice, qui la convoquait pour le placement immédiat de ses deux enfants Asperger, elle a dû prouver que ceux-ci étaient autistes et qu'elle n'était en rien responsable de leur état. Finalement, ils ont « seulement » écopé d'une Aemo (action éducative en milieu ouvert). « Tous les mois, l'assistante sociale vient chez nous et fait le tour de la maison. Elle lance des ordres : je dois arrêter de soigner mes enfants avec de l'homéopathie, je dois supprimer la télévision, je dois sortir les jeux de leur chambre et les reléguer dans une autre pièce pour leur faire de la place, je dois les obliger à dormir le soir [comme de nombreux autistes, ses enfants souffrent de profonds troubles du sommeil]. »

1. *Ibid.*

Comme Véronique, Cathy et beaucoup d'autres, 66,9 % des parents d'enfants menacés d'un enfermement injustifié déclarent avoir subi des pressions en raison de leur refus de voir des traitements inadaptés appliqués à leurs enfants, des pressions, dont le signalement de la famille aux services sociaux quand elle décide de retirer son enfant d'une structure inadaptée[1].

Une session de rattrapage pour Lacan ?

Évidemment, on comprend bien que les psychanalystes peuvent difficilement renoncer à la manne financière que les autistes représentent dans leur pratique : elle se chiffre en milliards pour l'Assurance maladie. « Rétrospectivement, je me dis que j'ai fait approximativement cinq ans de psychanalyse suivie chez l'un des psychanalystes les plus réputés de Paris, devenu récemment président d'un institut de grande importance. Une véritable rente pour lui. [...] Un jour, le psychanalyste m'avait dit d'entrée de jeu : "Vous viendrez chez moi jusqu'à mon départ à la retraite." En termes de sécurité de l'emploi, il n'y a pas mieux[2] », raconte avec humour Josef Schovanec qui, pendant toute cette période, n'a pas obtenu de diagnostic de son autisme.

Il en va de même pour les établissements qui accueillent des personnes avec autisme, enfant ou

1. Enquête du Collectif Autisme, du 12 février au 9 mars 2014, auprès de 200 associations locales et nationales.

2. Schovanec J., *Je suis à l'Est !*, *op. cit.*

adulte. Dans le film de Nicolas Bourgoin, un soignant témoigne à visage masqué : il pense qu'Éva, dont nous avons parlé précédemment, était abrutie de médicaments et maintenue dans cet état, « irrémédiablement malade[1] », pour que les parents ne puissent pas la reprendre. Car elle représentait une manne financière pour l'hôpital psychiatrique : 140 000 euros annuels pour garder une patiente somnolente, enfermée dans sa chambre. Ce discours-là, nous l'avons entendu de nombreuses fois, mais personne ne veut témoigner ouvertement : peur de perdre un emploi, de perdre l'autorité parentale, peur aussi de représailles sur un enfant, un adulte autiste... Nous en sommes réduits à écouter en silence, choqués, bouleversés. Selon une estimation, la prise en charge à temps complet d'un autiste par un hôpital psychiatrique ou dans un établissement spécialisé coûte en moyenne 200 000 euros par an[2] (contre, rappelons-le, 132 000 euros annuels dans un établissement comme le CAAP). La prise en charge à temps partiel est également très coûteuse : des parents, qui souhaitent rester anonymes de peur des représailles, nous ont montré des factures exorbitantes. Camille – son prénom a été modifié – va deux fois une heure par semaine dans un hôpital de

1. Bourgoin N., *Enfants handicapés : révélations sur les centres qui les maltraitent*, *op. cit.*

2. Prix moyen en hôpital psychiatrique en 2010 en France, selon une estimation Autisme France et Autisme 87 : de 147 000 euros pour une prise en charge de 210 jours par an à 255 500 euros pour 365 jours par an, sur la base d'un prix de journée d'environ 700 euros par jour.

jour, qui facture à ses parents… deux journées complètes : près de 2000 euros hebdomadaires, intégralement remboursés par la Sécurité sociale (plus de 100000 euros par an) pour aucun résultat.

Mais les psychiatres ne sont pas sots. Depuis le rapport de la Haute Autorité de santé, certains, certes peu nombreux, entrés sans réserve dans l'ère de la psychiatrie scientifique, fondée sur des évaluations et des preuves, sortent du bois, tel le Kollectif du 7 janvier. Un Collectif des professionnels pour les bonnes pratiques en psychiatrie s'est fendu d'un manifeste pour rappeler qu'en France il existe « une psychiatrie appuyée sur les recommandations de bonnes pratiques médicales fondées sur l'état des connaissances scientifiques » : « Concernant l'autisme et les autres troubles envahissants du développement, nous adhérons pleinement aux principes de la Déclaration de Venise établie par l'Association internationale de psychiatrie de l'enfant, de l'adolescent et des professions associées. […] Nous sommes actuellement particulièrement attentifs au travail de la Haute Autorité de santé et demandons que ses futures recommandations garantissent réellement aux personnes autistes en France une prise en charge en accord avec l'éthique et l'état actuel des connaissances scientifiques[1]. » D'autres mettent en place dans les institutions dans lesquelles ils exercent des ateliers directement inspirés des méthodes

1. Collectif des professionnels pour les bonnes pratiques en psychiatrie, « Manifeste pour les bonnes pratiques dans la prise en charge de l'autisme », 2012.

éducatives comme l'ABA. Pendant que le gros des troupes bataille pour que rien ne change, ces jeunes psychiatres avancent en tournant le dos à la psychanalyse.

Ces professionnels se heurtent aux mandarins, qui détiennent les clés des postes en vue dans les domaines hospitalier et universitaire. « Quand j'étais chef de clinique, c'était pour moi une escroquerie intellectuelle de proposer un soin psychanalytique à des enfants autistes. [...] Est-il raisonnable de soigner par la parole ou par le jeu un trouble dont 80 % de la variance est expliquée par les gènes[1] ? » demande le Pr Bruno Falissard, pédopsychiatre, directeur de l'unité Santé mentale de l'adolescent à l'Inserm. « [La psychiatrie] avait cru guérir les enfants autistes de leurs "troubles de la personnalité" par des "soins intensifs" inspirés de la psychanalyse. Or devenus adolescents, ils ne sont pas guéris. [...] Comme la psychiatrie est bien capable de le faire, elle va transférer sa frustration d'une impasse technique et de son manque de moyens en une vague théorie[2] », ajoute en écho le Dr Moïse Assouline, psychiatre et coordinateur du pôle

1. Conférence de Bruno Falissard, « Épistémologie de la psychanalyse dans l'autisme. Espace analytique », à Paris, le 26 mai 2013.

2. Assouline M., « Autisme, un arrière-fond historique aux critiques contre la psychiatrie et la psychanalyse », intervention lors du colloque des 28 et 29 mars 2014 à l'université Paris-Diderot, « La psychanalyse dans les institutions psychiatriques et sociales », texte publié sur *Mediapart*, le 4 juin 2014.

Autisme de l'association Élan retrouvé, pourtant fervent défenseur de la psychanalyse.

D'autres se contentent d'enrober leurs points de vue avec des éléments de langage : « Dans l'autisme, rien n'est validé, tout marche si on met le paquet, c'est l'intensité de la prise en charge qui compte[1] », affirme Bernard Golse. Quelques phénomènes se croient capables, par la psychanalyse, de vaincre l'autisme dans ses composantes scientifiques, telle la psychanalyste Marie-Christine Laznik, qui affirme être en mesure de faire pratiquer aux enfants autistes et à leur mère un jeu thérapeutique qui amène une guérison : « C'est comme [si l'enfant] avait pris un vaccin contre l'autisme [...] et il ne rechute pas[2]. » Et de continuer : « En modifiant [le contexte de la relation maternelle], on modifie l'épigénétique du bébé : un généticien, s'il sait quel gène il doit regarder, voit la différence entre avant et après[3]. » Risible... si les conséquences n'étaient pas si dramatiques !

Ne pouvant d'un coup jeter au panier cinquante années de croyances et de pratiques erronées – nous pouvons le comprendre pour les plus âgés, sur le point de prendre leur retraite –, une poignée de psychanalystes tentent une nouvelle approche : ils s'affirment en capacité d'aider les autistes et leurs familles

1. Golse B., *in* Favereau É., « Deux approches en guerre totale », *Libération*, 13 février 2012.

2. Laznik M.-C., *in* Robert S., *Le Mur, la psychanalyse à l'épreuve de l'autisme*, *op. cit.*

3. *Ibid.*

à porter la souffrance que la pathologie engendre. Un peu comme si votre médecin, vous ayant diagnostiqué un diabète, commençait par demander que vous alliez au plus tôt voir un psychiatre, de façon qu'il vous aide à porter votre maladie. Là n'est pas le problème.

Conscients qu'ils perdent du terrain, certains psychanalystes se rangent soudain sous la bannière d'une approche pluridisciplinaire : si d'autres thérapies marchent, associons-les à la leur. Et Bernard Golse de confirmer : « Chacun sait (*sic*) désormais que le développement de l'enfant, comme ses troubles, se joue à l'exact entrecroisement de facteurs internes (notamment génétiques) et de facteurs externes (dont la rencontre avec le travail psychique d'autrui), d'où la notion de modèle polyfactoriel qui apparaît désormais comme le plus plausible et qui, comme tel, impose une prise en charge multidimensionnelle[1]. » Il ajoute : « C'est dans cette perspective que se développent désormais de passionnantes réflexions à l'interface des neurosciences et de la psychanalyse (avec l'émergence du concept récent de neuropsychanalyse)[2] . »

Un rapprochement très contesté, par les neuroscientifiques d'abord, mais aussi par des psychanalystes comme Pierre Fédida, qui parle de « canular[3] »

1. Golse B., « Symposium 16 - Approches thérapeutiques intégrées de l'autisme », AEPEA, mai 2014.

2. Golse B., « Autisme, et si l'État se mêlait de ses affaires ? », *op. cit.*

3. Fédida P., « Le canular de la neuropsychanalyse », *La Recherche*, 2000, HS 3, p. 101.

à propos de la neuropsychanalyse ! D'aucuns de proposer d'intégrer – à petites doses –, dans les centres médicaux psychopédagogiques qu'ils dirigent, les approches éducationnelles qu'ils méprisaient hier. Et de s'indigner du rejet dont ils sont victimes, eux qui se sont – enfin ! – ouverts au dialogue. Mais les promoteurs d'autres approches qui, elles, sont testées, évaluées et validées, ne sont pas intéressés par cette collaboration. « Non ! On n'a pas besoin de mixer des méthodes efficaces avec des méthodes inefficaces[1] », affirme Daniel Fasquelle.

Malgré un système médical que le monde entier lui envie, la France a accumulé plus de quarante années de retard dans le domaine de l'autisme. Aujourd'hui encore, elle plonge dans le désespoir pas moins de 450 000 à 650 000 familles concernées par cette pathologie : 1 % de la population. Car, comme l'affirme Jean-Claude Ameisen, médecin et chercheur, président du Comité consultatif national d'éthique : « En matière d'accompagnement, d'inclusion des personnes avec autisme, notre pays en ce moment est très mauvais. Si on compare à un certain nombre d'autres pays, la situation est tragique. Elle est tragique. Elle est d'autant plus tragique qu'on a la preuve qu'ailleurs on peut faire autrement[2]. »

1. Conférence de presse de mars 2012.

2. Julienne M. et Blanchard M., *Autistes : une place parmi les autres*, *op. cit.*

7
PROPOSITIONS POUR LE MÉDECIN ET LE POLITIQUE

« À vouloir étouffer les révolutions pacifiques, on rend inévitables les révolutions violentes. »

John Fitzgerald KENNEDY

AU FIL DE CES pages, vous avez parcouru avec nous les couloirs des hôpitaux psychiatriques où des milliers d'autistes sont enfermés, ligotés à leur lit. Vous avez rendu visite à tous ces autres, cloîtrés chez eux, à la charge de leurs parents, ou plus autonomes, mais empêchés de sortir faute d'une société qui sache les accueillir. Vous avez visité ces classes, ces écoles, ces collèges d'où les élèves atteints d'autisme sont exclus, renvoyés, rejetés, et vous avez été témoins de ce qu'il advient d'eux, de leur avenir qui s'éloigne, de leur descente aux enfers. Vous avez vu ces méthodes éducatives qui font souvent, parfois – pas toujours, il est vrai –, des miracles et permettent de tendre la main à tant de personnes. Vous avez été choqués par ces diagnostics posés trop tardivement, par ces médecins qui refusent de dire la vérité, faisant perdre aux enfants atteints d'autisme leur chance d'accéder à une autre vie que l'enfermement. Vous avez constaté l'énorme responsabilité qui pèse sur les épaules des psychanalystes qui, envers et contre tout, défendent une théorie moyenâgeuse et éculée, tout en continuant de nier l'évidence scientifique. Vous avez entendu la Haute Autorité de santé énoncer clairement qu'il fallait changer de cap et offrir à chaque enfant, dès son plus jeune âge, les 25 heures hebdomadaires minimum de soutien éducatif. Vous avez vu qu'ailleurs, où ce tournant a été engagé depuis des décennies, les autistes sont bien traités et, autant que faire se peut, intégrés dans la société dans laquelle ils vivent. Vous avez été témoins. Vous ne pourrez plus dire que vous ne saviez pas.

Il est temps, maintenant, de mettre un terme définitif à la maltraitance organisée, institutionnalisée des autistes dans notre pays. Comme le dit Vincent Gerhards, président d'Autistes sans frontières, « il ne faut pas attendre 15 ans pour agir. Il est urgent de lancer le processus qui permettra de sauver des centaines de milliers de Français, victimes de cette injustice ». Les textes de lois existent : des parlementaires, comme Daniel Fasquelle et Gwendal Rouillard, coprésidents du groupe d'études sur l'autisme à l'Assemblée nationale, luttent pour que l'arsenal législatif et réglementaire soit consolidé et appliqué. Mais le corps médical, en partie tout au moins, résiste pied à pied, faisant valoir qu'on ne peut lui imposer une pratique, moins encore une évaluation de ces pratiques.

Face à cet acharnement à ne rien changer, 600 000 familles et des centaines d'associations regroupées au sein du Collectif Autisme persistent.

Nous-mêmes, nous réclamons que soit appliqué le droit au diagnostic reconnu par l'article R4127-33 du code de la santé publique, de façon que « l'on reconnaisse la nature et l'origine du mal, pour le soigner d'une manière adéquate[1] ».

Nous demandons que la loi de 2005 soit appliquée et que tous les enfants puissent enfin aller à l'école, pour ne pas ajouter l'exclusion au handicap. Notre société a ce devoir d'intégrer ceux qui en ont le plus besoin.

Nous demandons que soit adoptée et ajoutée au code de la sécurité sociale la proposition de loi de Daniel Fasquelle visant à garantir aux personnes atteintes de troubles du spectre autistique la gratuité des soins, dès lors qu'ils sont conformes aux recommandations de bonnes pratiques de la HAS et qu'ils sont délivrés par des professionnels formés.

1. Commentaire de l'ordre des médecins sur l'article R4127-33 du code de la santé publique, le 11 octobre 2012, www.conseil-national.medecin.fr.

Nous demandons que la Cour des comptes soit mandatée pour évaluer et rendre public l'argent inutilement consacré à des méthodes abandonnées dans le monde entier et contraires aux recommandations de la HAS, de façon que soit mis un terme à cet immense gaspillage – sans doute plus de 2 milliards d'euros annuels.

Nous demandons que les programmes des universités et des écoles soient modifiés, de façon que l'on enseigne aux futurs professionnels – médecins, psychologues, travailleurs sociaux, éducateurs spécialisés… – les connaissances à jour sur l'autisme et les méthodes conformes aux recommandations de la HAS.

Nous demandons que les recommandations de la HAS concernant la prise en charge de l'autisme soient juridiquement opposables, conformément aux attentes de l'ONU.

Nous demandons que l'interdiction du packing se fasse par voie législative puisque la pratique perdure malgré les recommandations officielles l'interdisant.

Nous réclamons que les organismes qui sont amenés à recevoir, diagnostiquer, traiter, suivre et orienter les personnes avec autisme, notamment les CMPP, les CAMS, les CMP et les Cra, échappent à l'emprise des psychanalystes et de leurs théories et appliquent strictement les recommandations de la HAS, sous peine de poursuites pénales.

Nous demandons que cessent immédiatement les mises en accusation par l'Aide sociale à l'enfance de parents d'enfants autistes, de façon qu'ils ne soient plus poursuivis pour la pathologie de leur enfant, dont non seulement ils ne sont pas responsables, mais dont ils sont toujours des victimes collatérales.

Nous demandons que les parlementaires préparent et votent une loi engageant la responsabilité pénale des professionnels de santé qui pratiquent le « nihilisme-diagnostic », consistant à nier le diagnostic d'autisme « pour ne pas enfermer le patient dans sa pathologie », ainsi que la psychanalyse, pas recommandée par la Haute Autorité de santé.

Nous demandons que les professionnels de santé qui s'opposent aux avancées scientifiques et commettent des erreurs médicales soient systématiquement poursuivis en justice et punis, conformément à l'article L1142-1 du code de la santé publique. C'est le rôle de la justice de les faire changer de gré ou de force : que les victimes de cinquante ans de freudisme et de lacanisme dans l'autisme retrouvent leur dignité et que leurs bourreaux paient.

Enfin, conscients que «la maltraitance n'est pas un accident malheureux et isolé, mais le résultat de tout un système, qui requiert la complicité de nombreux acteurs et institutions à tous les niveaux », nous demandons que le juge des libertés soit saisi chaque fois qu'un de nos concitoyens atteint d'autisme est enfermé dans un hôpital psychiatrique où il n'a rien à faire, de façon que la geôle d'Acacio soit définitivement fermée !

REMERCIEMENTS

Nous tenons à remercier les très nombreuses personnes qui ont témoigné, ont répondu à nos questions, nous ont mis en contact avec d'autres, ont relu certaines de ces pages et ont, de ce fait, contribué à la réalisation de cette enquête : les personnes avec autisme, leurs familles, les responsables d'association et de lieu d'accueil, les scientifiques, les politiques, les journalistes… Ils sont trop nombreux pour que nous puissions les nommer tous, mais la rencontre avec chacun d'eux, en plus d'apporter une pierre à cet édifice, a été l'occasion d'un partage d'humanité.

Je tiens à remercier ma femme, Aurélie Camm Chapel, pour le combat que nous menons ensemble.

POUR EN SAVOIR PLUS

Quelques témoignages écrits

FERRY Anne-Sophie, *Le Royaume de Tristan. Guide de survie d'une maman face à l'autisme*, Michalon, 2015.

GRANDIN Temple, *Ma vie d'autiste*, Odile Jacob, 1994 ; collection « Poches Odile Jacob », 2001.

HIGASHIDA Naoki, *Sais-tu pourquoi je saute ?*, Les Arènes, 2014.

HORIOT Hugo, *L'Empereur, c'est moi*, L'Iconoclaste, 2013.

PERRIN Gersende et Francis, *Louis, pas à pas*, JC Lattès, 2012.

SCHOVANEC Josef, *Je suis à l'Est !*, Plon, 2012.

TAMMET Daniel, *Je suis né un jour bleu*, Les Arènes, 2007.

TAMMET Daniel, *Embrasser le ciel immense : le cerveau des génies*, Les Arènes, 2009.

TAMMET Daniel, *L'Éternité dans une heure: la poésie des nombres*, Les Arènes, 2013.

Quelques essais

ROGÉ Bernadette, *Autisme, comprendre et agir*, 2e éd., Dunod, 2008.

YVON Dominique (dir.), *À la découverte de l'autisme: des neurosciences à la vie en société*, Dunod 2014.

Les rapports incontournables

Haute Autorité de santé, « Autisme et autres troubles envahissants du développement. État des connaissances hors mécanismes physiopathologiques, psychopathologiques et recherche fondamentale », Argumentaire, janvier 2010.

HAS (Haute Autorité de santé) et Anesm (Agence nationale de l'évaluation et de la qualité des établissements et services sociaux et médicaux-sociaux), « Autisme et autres troubles envahissants du développement: interventions éducatives et thérapeutiques coordonnées chez l'enfant et l'adolescent. Méthode Recommandations par consensus formalisé », Recommandations, mars 2012.

Comité consultatif national d'éthique pour les sciences de la vie et de la santé, avis n° 102 « Sur la situation en France des personnes, enfants et adultes, atteintes d'autisme », 2007.

Les avis du Conseil économique, social et environnemental, « Le coût économique et social de l'autisme », Les Éditions des Journaux officiels, 2012.

Évaluation de l'impact du Plan Autisme 2008-2010, « Comprendre les difficultés de sa mise en œuvre pour mieux en relancer la dynamique », rapport de Valérie Létard, ancienne ministre, sénatrice du Nord à Roselyne Bachelot, ministre des Solidarités et de la Cohésion sociale, décembre 2011.

Quelques documentaires

BONNAIRE Sandrine, *Elle s'appelle Sabine*, Thomas Schmitt, Mosaïque Films, 2008.

BOURGOIN Nicolas, *Enfants handicapés : révélations sur les centres qui les maltraitent*, diffusé sur M6, *Zone interdite*, 19 janvier 2014.

CARCIOFO Romain, *Solutions d'espoir, un regard sur l'autisme en France*, Arouna Lipschitz, V2lam Productions, 2013.

MÉDIGUE Hélène, *C'est pas de chance, quoi !*, 28 Productions, 2012.

RÉVIL Sophie, *Le Cerveau d'Hugo*, France 2, 2012.

ROBERT Sophie, *Le Mur, la psychanalyse à l'épreuve de l'autisme*, Dragon Bleu TV, 2011.

ROBERT Sophie, *Quelque chose en plus*, Océan Invisible production, 2014.

Quelques films

EVANS Marc, *Snow cake*, 2006.

LEVINSON Barry, *Rain Man*, 1988.

TRUFFAUT François, *L'Enfant sauvage*, 1970.

TABLE

Préface 9

1. Une maltraitance institutionnalisée : le sort des adultes autistes dans les structures spécialisées 15

2. Handicap méconnu ou handicap mal vu ? Le sort des adultes autistes autonomes 49

3. L'école de la République ? Les enfants autistes et l'institution scolaire 91

4. Une lueur dans la nuit ? Les approches efficaces 129

5. Le nœud du problème : le temps du diagnostic 159

6. Le retard français 183

7. Propositions pour le médecin et le politique 233

Remerciements 239

Pour en savoir plus 241

L'exemplaire que vous tenez entre les mains a été rendu possible grâce au travail de toute une équipe.

Mise en page : Daniel Collet (In Folio)
Couverture : Sara Deux
Révision : Nathalie Capiez et Vanessa Deslances
Photogravure : Marcellin Gandon (Irylis)
Fabrication : Marie Baird-Smith avec Isalyne Avenel
Commercial : Pierre Bottura
Communication : Isabelle Mazzaschi avec Adèle Hybre
Relations libraires : Jean-Baptiste Noailhat
Rue Jacob diffusion : Élise Lacaze (direction), Katia Berry (grand Sud-Est), François-Marie Bironneau (Nord et Est), Charlotte Knibiehly (Paris et région parisienne), Christelle Guilleminot (grand Sud-Ouest), Laure Sagot (grand Ouest) et Diane Maretheu (coordination), avec Christine Lagarde (Pro Livre) Béatrice Cousin et Laurence Demurger (équipe Enseignes), Fabienne Audinet et Benoît Lemaire (LDS), Bernadette Gildemyn et Richard Van Overbroeck (Belgique), Nathalie Laroche et Alodie Auderset (Suisse), Kamel Yahia et Kimly Ear (Grand Export).
Distribution : Hachette
Droits France et juridique : Geoffroy Fauchier-Magnan
Droits étrangers : Catherine Farin avec Laurence Zarra
Envois aux journalistes et libraires : Patrick Darchy
Accueil du 27 rue Jacob : Fadéla Hassani
Librairie du 27 rue Jacob : Ariane Geffard
Comptabilité et droits d'auteur : Christelle Lemonnier avec Camille Breynaert

ISBN : 978-2-35204-494-9
N° d'impression : 201602.0292
Dépôt légal : mars 2016

Achevé d'imprimer en France par Chirat à Saint-Just-la Pendue (Loire) en février 2016.